读懂投资　先知未来

舵手证券图书
www.duoshou108.com

U0458726

大咖智慧
THE GREAT WISDOM IN TRADING

成长陪跑
THE PERMANENT SUPPORTS FROM US

复合增长
COMPOUND GROWTH IN WEALTH

一站式视频学习训练平台
WWW.DUOSHOU108.COM

舵手证券图书
www.duoshou108.com

铁血短线

只铁战法致命的阻击战术

只铁 ◎ 著

山西出版传媒集团
山西人民出版社

图书在版编目（CIP）数据

铁血短线：只铁战法致命的阻击战术 / 只铁著.—
太原：山西人民出版社，2015.7（2023.5重印）
ISBN 978-7-203-09039-7

Ⅰ.①铁… Ⅱ.①只… Ⅲ.①股票交易
Ⅳ.①F830.91

中国版本图书馆CIP数据核字（2015）第096795号

铁血短线：只铁战法致命的阻击战术

著　　者：只　铁
责任编辑：樊　中

出 版 者：山西出版传媒集团　山西人民出版社
地　　址：太原市建设南路21号
邮　　编：030012
发行营销：0351-4922220　　4955996　　4956039
　　　　　0351-4922127（传真）　4956038（邮购）
E-mail：sxskcb@163.com　发行部
　　　　　sxskcb@126.com　总编室
网　　址：www.sxskcb.com

经 销 者：山西出版传媒集团　山西人民出版社
承 印 者：廊坊市祥丰印刷有限公司

开　　本：787mm×1092mm　1/16
印　　张：16.5
字　　数：222千字
版　　次：2015年7月第1版
印　　次：2023年5月第2次印刷
书　　号：ISBN 978-7-203-09039-7
定　　价：68.00元

如果印装质量问题请与本社联系调换

内容提要

　　这本《铁血短线》是《短线英雄》一书的晋级篇。它不是投资知识的入门读物，更不是企图跑马观花一看就能够轻松掌握、彻底领悟的。它是专门为愿意花费巨大的心血把股市投资作为自己神圣使命的专业投资者而写的（封面位置扫描舵手君微信，领取免费视频）。

　　出版此书的主要目的是为从股票投资技术分析、研判理论体系和临盘实战操作水平上大幅度地提高有志于竭心尽力地成为专业投资高手的读者的专业投资实战能力。希望读者朋友不要苛求它什么，本书既没有企图让所有的人能够彻底读懂，也没有企图把它写的完美无缺。如果它能够对愿下功夫仔细研读此书的朋友哪怕一丁点的帮助，作者也就感到心满意足了。

　　那些不愿花费巨大心血去研读的读者请放下此书。

金融投资活动是一种事业，或者说它是一种使命，需要科学化、专业化的管理才能取得成功！

好的东西，是需要用"心"才能消化的。我们强调的首先要"专心"然后才能"专业"！

"空仓"也是一种很好的战斗！

骗线就是骗心，套牢就是套心！

炒股成功要有"四心"：耐心、细心、决心、狠心。

知识转化为能力的唯一途径——苦练！

技术分析仅仅是一种工具，错把工具当真理，这显示出的是一种哲学上的无知和灵性上的幼稚。

任何技术方法使用效果的好坏都与是否掌握了该种方法的各种使用限制条件有着绝对的关系！

找回坚强的心灵意志，比找回亏损失去的资金重要的多！

只有建立了一套适合自己的交易系统，并在实战中无条件执行，才能笑傲江湖。

系统化、规范化、专业化、科学化是实战操作的生命，也是只铁体系的灵魂！

——只铁

征战英雄

暗夜、孤灯；寂寞、无眠。思绪万千……

沧桑巨变、波澜起伏400年，中外股市中有三个传奇般的英雄人物，作为巨大的榜样，激励着一代又一代的专业投资家，向着辉煌的成功之路艰难地迈进。

请投资者永远铭记住他们的名字。他们就是江恩先生、索罗斯先生、及目前并不为中国投资界所熟知的理查德·丹尼斯先生。

他们共同的特点都是在风云诡谲的市场投资活动中取得了辉煌的业绩，并且他们都有着自己独特的实战投资操作个性和精深独到的投资哲学思想。正是由于对这两者的具备，使他们每人都形成了区别与普通投资者的神秘个人投资风格。并且，他们都是白手起家，靠单纯的技术分析功力，凭借自己的智慧，公平地从股市、期市、汇市赚取了巨大的财富，创造了一个又一个的投资传奇故事的英雄。

在20世纪初，江恩曾经以个人的力量骄人的战绩赚取过几千万美元，这笔金钱在当时是极为巨大的。

索罗斯则是从吃饭店里的剩饭的服务生起步，苦心孤诣，最终创造了成功阻击英国中央银行，一个月获利20亿美元，令全世界瞠目结舌的辉煌投资战绩。并且，他还在1997年成功地诱发了亚洲整个地区的金融风暴，凶狠地阻击了亚洲各国的资本市场。在较短的时间内，其获利十分巨大，成为亚洲各国泡沫经济的终结者。

在美国名不见经传的理查德·丹尼斯先生更是创造了以1600美元投资本金起家，完全以个人的身份，凭借其独有的市场技术分析研判系统和实战操作技术体系，在短短的16年时间里将1600美元的投资本金增值成为近10亿美金的股市新神话。

这三个最伟大的投资家的辉煌战绩，并不是我们必须崇拜和景仰的关键，因为，这是他们专业技术功力、超凡心志力量的必然结果。但是，他们却能够在如下几方面给予投资者获取成功最大的启发力量：

出生平淡，先天绝无耀眼出生背景，白手起家，完全凭借个人的技术功力、心灵意志力量取得了巨大的投资成就，并以其非凡的投资智慧而成为资本市场历史上罕见的投资大赢家。

他们都笃信资本市场的总体公平，绝不去怨天尤人，怪这、怪那，而是坚定不移地刻苦锤炼过硬的技术分析研判和实战操作功力。他们的成功完全凭借的是非凡的个人智慧和超人的心理意志，绝对不是靠诸如内幕消息这类东西。他们的成功完全凭借的是高超的投资本领，而绝对不是凭借偶然的运气在市场中赚钱和取得成功。正所谓，没有本领靠运气，偶然赚钱；有了本领靠功夫，必然赚钱！

他们都通过忍受常人无法忍受的困苦，孤独地进行理论的研究和无数次不怕失败的腥风血雨实战。由此，总结出了独具他们自己个人风格的投资分析研判理论体系和投资实战操作技术系统。并如同珍惜自己的生命一样，对她们进行永不放弃地坚守。他们克服了常人心态，在伟大的心志力量上也是超人。

他们永远活成自己！
他们是股市真正的英雄！

跨越万千的思绪，透过迷离的孤灯，暗夜中这些伟大的英雄永远昂扬和激励着我在寂寞、孤独的道路上克服艰难困苦，坚定不移地前行下去……

只铁匆忙于成都度假期间
2001年8月22日至31日

主题：（序）

海，一望无际。

落霞铺满海天。十里银滩，潮起浪涌。他光着脚踩在海边的沙滩上，任海浪漫过裤脚，任海风萦回耳畔。逆光、剪影中，他手中的长焦镜头，正对准礁石上几只欲飞还驻的海鸥……我和他的几个弟子站在远处闲聊，望着他的背影，边笑谈着几小时前的那场多空鏖战，边等待着镜头下精彩的呈现。

他，就是只铁。

中国股市最初的特色是无股不庄。在争议中诞生的A股市场，体制和监管的缺陷，让"有点钱就可以任性"庄家不知天高地厚，各路庄家动辄控制数千至上万个账户，肆意操纵价格，在股市翻云覆雨为所欲为，以最草莽最暴力的方式"虐杀"散户掠夺财富。那时，不是庄家太聪明，而是股民太幼稚。各类投资书籍鱼龙混杂，虽有经典却难以攻玉，市场上有些知名高手、大师们，靠某一指标形态或者修改某些参数指点股市，误人误己。散户停留在听风跟庄的原始阶段，股民在歧途上走得很是艰辛。看厌了国际大师的越洋指点，波诡云谲的中国资本市场，股民需要接地气的属于自己的系统的投资理念和方法。2000年，一本署名"只铁"的《短线英雄》横空出世。它首倡专业化投资、科学化管理、交易系统、铁血纪律、心态控制、资金管理、魔鬼训练……这些大资金"铁血操盘"理念今天已经被写进各种教科书。在当时却属于闻所未闻，甚至"骇人听闻"，生生地惊醒了一大批有志于投资却又迷惑中的股市弄潮儿。时至今日，印证了只铁先生在《短线英雄》面世时说过的一句话：此书专业化投资理念50年不过时。其后连续问世的《战无不胜》《铁血短线》《多空英雄》，将"只铁交易体系"以及"只铁投资哲学"更是系统地呈现在国内股民面前。

3

当"短线英雄"系列成为投资类图书排行榜热门的同时，只铁先生创立了全世界第一所公益性质的网络股票期货训练营——只铁军校，最多时，活跃着机构和散户投资者共有1千6百多人。"只铁军团"在只铁先生亲自指点下践行"只铁交易体系""只铁投资哲学""铁血操盘"等专业投资理念。我亲眼目睹一位军校学员借股友资料去复印，读一遍，再读一遍，又抄一遍，只为参加只铁先生的面授做准备。坊间，有人偷卖只铁培训内部教材，标价3000元一份竟然四面八方电话求购，络绎不绝。那是怎么一段风光，电视台、报社的记者相约采访，某证券大报的头牌记者，想尽各种招数，才终于获得10分钟的时间。

牛来熊往，股市岁月峥嵘。2004年，中国第一部反应股市生态的电视剧《坐庄》在各大电视台播出。次年，修订的《证券法》出台，基金"奉旨"的登场，中科、银广夏、亿安、德隆……六大庄股一个接一个被消灭。"许多庄家正处于痛苦万状之中，长庄就是笨庄，高控盘的长庄运行模式我认为就是一种彻底失败的模式"——只铁先生在《短线英雄》第一版时的断言现已成真。多少风云乍起，多少流星坠落。也因为众所周知的原因，只铁先生从公众视线中渐渐隐去。基金时代风云再起，宁波敢死队应时而生，在市场上纵横捭阖叱咤风云，有心者在他们的办公室看到了只铁先生所有书籍装满了一个小皮箱，其中还有坊间流传最早的全部训练资料。紧接着，权证交易的奇迹，阳光私募的明星，股指期货的参与者……甚至包括昙花一现的天津艺交所的多空博杀——都有只铁弟子的身影。这是一批坚定不移地奉行只铁专业投资理念的投资精英，他们几乎全部出自只铁军校，都是"短线英雄"系列的忠实读者。几番风口浪尖的历练和洗礼，个人散户投资者成长为亿万富翁的有10人以上，千万富翁已无需一一例举。几大权王，私募冠军，以及目前市场中一批最活跃的一线游资敢死队等更是奇迹的书写者。这些战绩，直指当年别有用心的记者编撰黑文捏造客户受骗的公案，真相如何不言而喻。哪怕在真相最迷离的时候，依然有铁粉不离不弃地跟随并把"只铁战法"践行到底。可见，真相、真知，需待时间这把三昧真火来锻炼。只铁，经得起！

股市春秋，沧海横流。一本书的因缘自有天意。只铁先生的《短线英雄》系列作品，几年前早已卖断，却有很多读者指名道姓寻书而来，希望再版。是宝典自然经得起实战的检验，《短线英雄》系列真正堪称"中国本土投资经典"。

海，浩浩荡荡，无边无际。当最后一道霞光没入海中。只铁先生转身走向一处平整的空地。此刻，他要打一趟太极拳。这是先生多年来的习惯。海在他身后，振翅远飞的海鸥消失在天际线，只铁的身影与海浪共舞。

征战英雄

歌词：只 铁

（引子）没有硝烟，没有炮声，无处不在的刀光剑影。

心灵是哭过的山峰
胸怀像雨后的彩虹
抖落十年征战的风尘
问苍茫股海　谁是英雄

多少年
波峰浪谷战多空
一涨一跌斗牛熊
多少年
长天秋水放歌行
孤舟独帆谁与共

登高处　不胜寒
望四周　谁与同

沧海横流雄心在
胜负成败转头空
心依旧　意正浓
战胜自己是英雄　飞越巅峰

（备注：这首歌是作者用来激励自己的，希望读者朋友也能喜欢。）

目录

英雄就是你自己

第一章
专业化短线操作的基本概念与原则

TIEXUE DUANXIAN
ZHITIE ZHANFA ZHIMING DE ZUJI ZHANSHU

逃避孤独是大众的选择

一、证券投资的核心问题

关于证券投资临盘实战操作的核心问题，我们认为包含着如下几个方面的重要内容。对这些核心问题从根本上进行彻底的认识和透彻的理解直接关系着证券投资临盘实战操作结果的成败，所以我们不能仅仅把它看成是一个纯粹的理论性的学术问题。

1. 证券投资的目的

<u>投资</u>——什么是投资？

从临盘实战操作实用性的角度来看，我们简单地说，"投资"，就是投入资源以获取收益。

它的根本目的规范的非常明确——为了获取收益。所以，只要投入了资源能够带来收益的行为，我们都可以将其称为投资。这种理解的内核实战操作意味深长。

从临盘实战操作这一实战的最简明定义出发，我们就可以轻易地辨别出关于对"投资"的理解和认识，无论在中外的资本市场中都有着许多重大认识性错误。

比如，1996、1997、1998年中国的股评界几乎众口一词地全力鼓吹的"投资"就是强调投资于绩优股。好像除了绩优股以外，其他的股票都不是好股票，都不能去投资一样。

在我们看来，这也就是所谓的"价值投资"这种洋玩意在理论上存在的内在错误。这种观点表现出的其实是一种投资理论的幼稚。因为在市场实战中，"绩优股"未必就一定会上涨，就一定能够给投资者带来收益；而"垃圾股"未必就不能上涨，未必不能给投资者带来投资收益！

中外股市的历史事实无数次地证明了这一论断。

下图是当时中国股市所谓最大的绩优股600839四川长虹的月线技术系统图形。后面我们将把它与当时中国股市中最臭、最有名的

3

垃圾股600831ST黄河科的股价走势进行对比。让我们客观地来看看关于投资的正确概念是如何在它们身上体现的。这是发生在中国股市中活生生的事实。

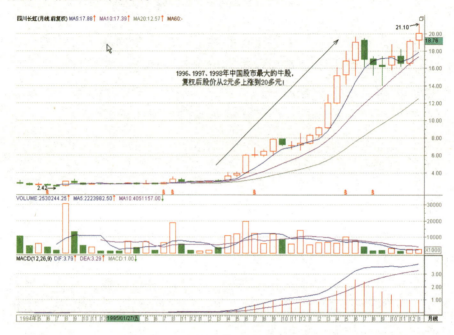

【图1-1　早已透支业绩的所谓绩优股四川长虹月线图 】

　　任何时候我们都必须要非常明确：投资的根本目的是为了收益而并非为了投资于价值。投资于有价值的股票仅仅是达到投资目的——获取投资收益的一种方法。而方法是不会等于目的的。正如，发现真理的方法并不等同于真理一样，因为用发现真理的方法发现的可能是谬误!

　　光有价值却不能带来收益，就是失败的投资。市场对于价值的发现往往是一个极为漫长的过程。

　　相反没有价值而又能够带来收益，我们认为就是成功的投资。这是中外股票市场中不证自明的公理。

　　对于所谓的"价值投资"就连巴菲特（价值投资的顶峰人物）的老师，价值投资理论的真正创始人格兰汉姆先生，在晚年因认识到其价值投资理论存在的内在缺陷，也宣布了对其理论的放弃。我

4

们还有必要把人家已经放弃的东西当成宝贝一样吗？我们不能幼稚到因为巴菲特投资事业的巨大成功<u>就盲目地迷信和盲从他的一切东西</u>。

其实，综观巴菲特的整个投资历史，我们可以知道巴菲特，<u>他并不是靠过人的投资技术</u>取得投资事业的成功，而是<u>靠他的耐心和严格的资金管理而取得成功的</u>。

其实，对于股市来讲，<u>凡是能够上涨的股票就是好股票，我们不管它到底是绩优股呢，还是垃圾股</u>！

反之，对于股市来讲，<u>凡是下跌的股票就是坏股票，我们也不必管它究竟是绩优股呢，还是垃圾股</u>！

从下面的技术图形中，我们应该冷静、客观地来看看真正唯一聪明的市场走势是如何来证明什么是正确的投资理论，什么是错误的投资理论的了。

我们投资者拿着自己的血汗钱，再不应该对任何理论或股票带有个人的喜好、偏见，再也不能盲目地死抱着外国的洋教条，放弃正确的投资理论，害人害己了！

【图1-2　所谓的绩优股的市场走势比垃圾股还熊】

5

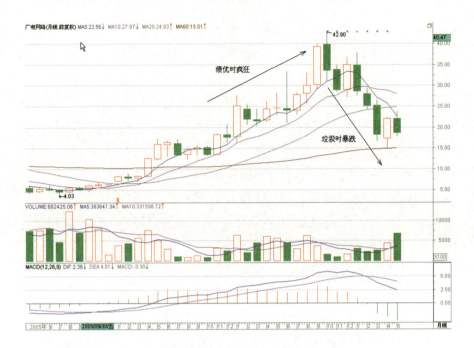

【图1-3　垃圾股ST黄河科（旧名）的下跌走势】

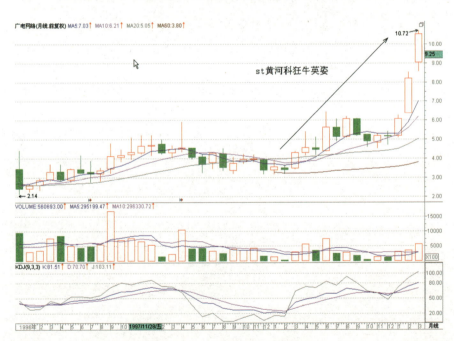

【图1-4　垃圾股ST黄河科（旧名）一路高歌牛气冲天，此时绩优股四川长虹熊途漫漫】

下面我们再把绩优股四川长虹、垃圾股ST黄河科（现名广电网络）的市场走势合并来进行客观对比，让市场公正地对什么是绩优股？什么是垃圾股作出判决，并以此告诉我们什么是真正正确的专业化投资概念，什么是害人害己的洋教条。

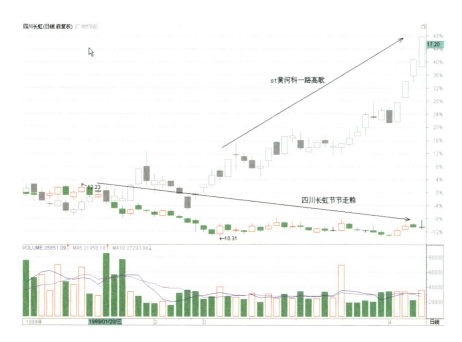

【图1-5　四川长虹、ST黄河科（旧名）的市场走势对比图】

在正确理解投资目的的同时，对投资要素资源的准确理解也能够极大地提高投资者的投资理论水平和实战投资功力。投资要素的"资源"概念中不光包含投入资金这一个单一要素，它还包含着专业投资本领以及投资活动的投入时间等等要素。只有在真正认识清楚、彻底把握了这些重大问题之后，我们的临盘实战投资行为才有可能不会是无知和盲目的。

与此同时，我们认为"投资"还是一种有计划、可控制的人类能动行为。在我们的临盘实战投资活动展开以前，投资者可以充分地进行各种准备工作来提高临盘实战投资的胜率，降低投资活动的风险，而且在投资活动进行的过程中，投资者还可以不断地在中途修正自己已经出现的各种错误以及防范可能出现的各种不利情况。

7

其整个投资活动都是有计划的和可以控制的，是完全可以凭借投资本领获利的人类主观能动行为。

从这里就把投资行为和赌博行为明确无误地从根本上进行了区分。因此，众多人以为的投资股市就是赌博这种说法，从投资与赌博定义的根本特征上看就是错误的，投资是一种事前可以充分准备，事中可以彻底控制，事后可以认真总结的一种总体胜率可以把握的理性行为。

更为重要的是，正确地理解投资的概念，对于我们正确地得出投资的方法也有着根本的帮助。

例如，传统投资理论界和实战界都将"顺势而为"作为投资行为的最高原则。在我们看来，这其实也是对投资的正确概念没有真正深刻、全面理解的一种表现。

不错，"顺势而为"的确是一种理想的投资方法，但它也仅仅是一种理想的投资方法而已。它并不是我们投资活动中的唯一正确方法和开展投资活动的真正目的。我们投资的目的不是为了"顺势而为"，而是为了获利！

我们认为，只要能够获利，"无势可顺"时也应该果断而为。光记住"顺势而为"这样一种投资方法，我们就会付出可能放弃其它更多甚至更好的投资方法，从而丧失其他的获利机会的沉痛代价。

因此，我们认为过分地强调"顺势而为"，把它作为唯一的投资方法，从而忘记还有其他的投资方法的认识是片面的。把"顺势而为"强调到过分，而忘记了投资的真正目的就不光是片面，而是错误的了。

请想成为伟大的投资家的朋友们，多多思考类似的问题吧。这些问题将把你引向成为大师之路，同时也将保证你无法被其他人轻易地超越。

2. 证券投资的方法：即达到投资目的的手段

我们认为证券投资的根本方法，同时也是唯一正确的方法就是：高抛低吸或低吸高抛。这是由证券投资的游戏规则从根本上限定了的。除此之外没有别的方法。

其他诸如基本面分析中的价值投资、成长性投资，技术分析的图表分析、指标分析等具体投资的方法都是在围绕这一根本问题而展开的。具体地说它们都是用来帮助我们判定"高抛低吸"的"高"和"低"，在临盘实战操作中我们不要把它们搞得太复杂。

请专业投资者牢牢地记住：所有证券投资的方法，其唯一的功用就是为了让我们能够成功地达到更好的获利避险这一根本目的。

因此，我们可以明确地得出：凡是能够成功避险、安全获利的投资方法都是好的投资方法，反之亦然！除此之外我们没有其他的判据。

在此我们要特别强调：

上面我们所列举的基本分析是属于外因分析，而技术分析是属于内因分析。凡是学过哲学的人都能够懂的内外因的真正关系，其中孰重孰轻不言自明，实战操作中喋喋不休地讨论他们孰重孰轻纯属多余。

具体展开和延伸的投资方法还有许多，在此我们不做详尽论述，而是将其中最有价值的部分内容融汇于具体的专业化操作实战的论述之中。

3. 证券投资的资金（源）管理

所有证券投资活动的根本都是<u>一种严格的专业化、科学化的管理。而绝对不是一种简单、随意的炒作行为</u>。

尤其是在国内外广大的投资者还没有充分地认识到这一点的特别重要性的时候，我们才要对此更加充分地进行反复不断的强调，甚至有些不厌其烦。如果不把这一观点真正融化于投资者的灵魂深处，要想真正成为有较高水平的专业投资者只能是一种妄想。

现在大家都耳熟能详的"投资理财"业务，其核心的实质内容就是"<u>管理财产</u>"。

以为随随便便就能把证券投资活动搞好的想法是极其幼稚、错误、荒唐和危险的!

我们大家对于传统行业,比如一个工厂或公司需要严格、规范、科学化的管理都觉得很正常而且必需;而对于证券投资活动也需要规范、专业、科学化的管理,甚至比工厂和公司要更加严格的管理就不太理解和不太重视了。

举个例子来说吧,如果一个企业要购置一台几十万元的设备,企业的各级领导部门都要打报告,层层审批,通过多次研究讨论,最终才能决定下来。

而对于在股市要投资几十万却要简单得多。从来没有听说过一个企业在股市投资几十万的时候是需要经过反复调研,层层严格审批。经常是老总饭桌上一句话就决定了上千万的投资,几杯酒下肚,一切就OK了。证券投资活动就这么随意、简单地被草率决定,其结果不言而喻。

这样的例子在我们实际投资活动中太多、太多,翻开各大上市公司的报表我们轻易就会有所发现和领悟。

当然,对证券投资活动的管理,远远不是像我们上面所讲解的那么简单、容易。

其实整个证券投资活动的管理包含着极为丰富的具体内容。其实质是对投资活动的投入、产出的全过程中的各大投资要素进行严格、规范、专业和科学化管理运作。它有一个完整的操作规范和科学流程。

在其中尤为重要的是:对于专业投资本领、专门投资资金、投资时间、投资心态以及投入产出(利润、亏损)进行专业化、规范化、科学化、持久化的管理和控制。

在国外有专门的金融工程专业,还有专门的金融工程师!而工程师原本是仅限于理工科专业才有的。足见老外已经领先我们一步了。

请投资者牢记,要投资必须先求知!

如果在我们整个的证券投资实战活动中产生了亏损,那么,我

10

们可以绝对肯定地说，其中一定是在证券投资活动的专业化、规范化、科学化管理的某一个方面出了这样或那样的问题，这绝对不会有例外的。

因此，任何一次成功或不成功的证券投资活动的结果一定是因为投资者自觉或不自觉地遵循或违背了证券投资的专业化、规范化、科学化管理的根本要求。

任何时候我们都要询问：<u>自己是否真正严格地按照了专业化、规范化、科学化的要求对自己进行了培养、训练并以此要求来开展自己的实战投资活动。</u>

我们对各类高级的机构投资者的所有训练也是紧紧围绕提高其专业化、规范化、科学化投资管理能力这一核心要求而展开的。

同时，我们<u>衡量一个投资者无论其是机构或是个人证券投资水平的高低也是按照专业化、规范化、科学化投资能力的高低这一标准来进行的。</u>

所以，我们的一切投资管理活动都必须围绕提高自己的专业化、规范化、科学化投资知识、能力和投资业绩而展开。而专业化、规范化、科学化投资知识和能力又是取得良好投资业绩的根本基础。

<u>有专业化知识、专业化能力的投资者靠专业本领，必然赚钱；而没有专业化知识、专业化能力的投资者靠运气，偶然赚钱。</u>这是证券投资管理活动的必然结果。

希望我们的读者是靠专业化、规范化、科学化的证券投资能力和管理本领长久、必然地赚钱的；不是靠没有进行专业化、规范化和科学化投资管理而凭运气偶然地赚钱，如此长久下去必然亏损。

4. 证券投资的心理控制：即心理意志和心理素质

<u>成功的投资，无条件地要求投资者严格做到：等待机会出现前有无比的耐心、机会出现时有超人的细心来辨别机会的真假和机会的大小。在正确确认机会降临后，临盘实战操作时必须拿出常人没有的果断决心和出现错误时敢于立即改正自己错误、处罚自己缺点</u>

11

的狠心。

只要你"四心"具备就一定能够在凶险的股票市场攻无不克、战无不胜。炒股最终就是炒"心"！

在残酷的股市投资实战中，顶尖高手之间最终较量的是心态和境界，其胜败的决定因素，已经绝对不再是具体而繁杂的精细投资技巧了。

所谓"大繁若简、大成若缺、大智若愚"，讲的就是这个意思。

二. 短线投资的正确概念与认识误区

在股票市场中几乎所有的人都对短线操作获取暴利梦寐以求、日思夜想。那么正确的专业短线概念和专业短线操作方法究竟又是什么呢？我们如何才能成为真正的专业短线高手呢？

其实，短线操作方式是非常重要的，它是所有临盘实战操作的基础。无论是波段、中线、长线的实战操作动作均建立在动态的即时、分时短线技术之上进出操作。

因此，投资者要想在风云诡谲、波涛汹涌的股市中长久生存、稳定获利，就必须真正彻底地掌握好这种临盘实战操作方法。

下面的内容我们将对这些问题进行逐一地展开，希望对广大投资者的实战投资业绩的提高能够有所帮助。

1. 短线正确概念的建立

专业化短线操作的正确概念我们可以从如下两方面给出具体的定义：

第一个方面的含义是：

短线的根本作用是为了不参与股价运动中的调整，以便使我们在最短的时间里成功达到避险，获取最大的安全利润。

第二个方面的含义是：

凡是用短周期技术系统，包括图表系统和指标系统所进行的临盘实战分析研判和临盘实战操作行为，我们都通称为短线。这一概念纯粹从技术上给出，仅代表作者的一家之言供读者朋友参考。

其短周期技术系统具体指的是日线以及日线级别以下的交易周期。它们包含：日线、小时线（60分钟）、半小时线（30分钟）、10分钟线、5分钟线、1分钟线甚至分笔成交数据以及即时波动图形。

【图1-6　　日线技术图形】

【图1-7　　60分钟技术图形】

【图1-8　　30分钟技术图形】

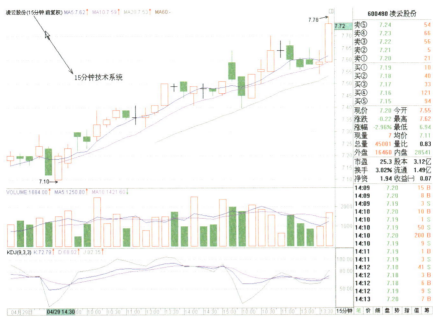

【图1-9   15分钟技术图形】

从以上两个方面给出的定义之中，我们可以明确地看到，专业化短线操作的最大目的是为了不参与个股运动中的调整和在成功避险的情况下最大限度地获取利润。

在这里我们所指的调整已经包含着股价的下跌和股价运动的停顿——横盘，这样两种不同的技术状况。

而具体的调整所指的对象是市场各大要素间矛盾的调整。即不光是对价格的调整，同时还包含着对时间、成交量以及资金流即市场热点的调整。

在这里，各大市场要素之间的调整关系是可以相互弥补的。即价格的调整可以用时间的调整来进行替代，而时间的调整也可以用价格的运动进行弥补。

下面我们用两幅技术图形来说明这种调整中互补关系。

15

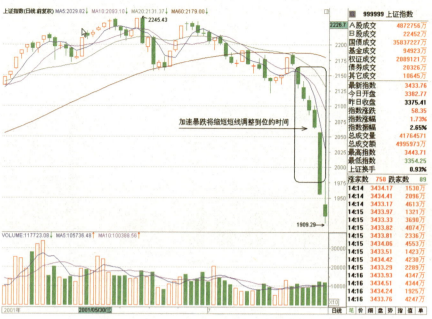

【图1－10　上证指数大幅下跌】

【图1－11　宁夏恒力的缓慢下跌】

2. 专业化短线操作在概念认识上的误区

◎ 传统理解的短线在认识上存在的三大误区。

以持股时间的长短来对短线进行定义。

市场中一般人认为的所谓短线就是持股时间不超过3天或10天，甚至今天进明天出这种概念，而全然不管在实战投资操作中是否真正做到了不参与股价的调整，从而有效地回避掉了因影响股价运动不确定性因素带来的投资风险，以及是否能够在安全避险的前提下最大限度地在实战投资中成功获利。

在书中给出或引用这种定义，我们认为是一种非常业余和不负责任的行为。

以获利幅度的大小来对短线操作进行定义。

所谓短线就是获利3%或5%，这种概念同样也是不管不顾在实战操作中是否最大限度地成功避险、安全获利。

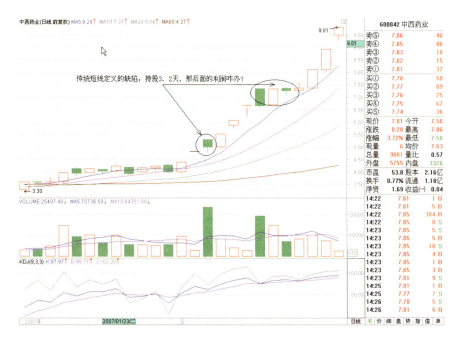

【图1-12　持股3天躲过了行进中的洗盘但……】

17

短线就是投机。

在投资者之中，甚至有很多人更是荒唐地认为：短线就是投机。长线才是投资。草率地认定短线操作是一种错误的投机行为。

不幸的是这种认识大错特错了。所谓"投机"就是投资于机会。而不是"投机倒把"的投机！

本节内容小结：

专业化短线操作的正确概念是不参与股价运动过程中的调整，以求在成功避险的前提下，最大限度地从市场获取安全的投资利润。这里所指的安全利润是一个重要的概念。

请读者一定要留意，这一定义所限定的实战具体条件的要求，我们在后面的文字还会专门讲到。

三. 专业化短线操作的优缺点

我们将通过如下几方面的论述来对专业化短线操作的优缺点进行详细讲解，以便投资者在临盘实战操作中能够扬长避短，从而熟练应用。

1. 临盘实战投资操作效率

获利率：专业化短线操作由于不参与不确定性的市场调整，因此在投资资金周转的使用上有着非常好的效率。由于资金的周转率高，因而对于投入资金获利率的提高将有着巨大的帮助。

避险力：同时，也由于不参与不确定性因素太多的调整，因此能够最大限度地回避和化解市场风险。其避险能力较好。

以上两方面是专业化短线操作的最大优点，投资者很好地掌握后，也是短期获取暴利的技术基础。

下面，我们将对专业化短线操作存在的缺点进行一一剖析。任何的操作方法，我们都必须在彻底弄清楚其缺点后才能在临盘实战中更好地扬长避短，进行娴熟的应用。

2. 对实战投资参与资金规模的制约

由于投入资金的时间成本、盘口庄家允许的跟风量、市场本身的交投吞吐和专业短线高手难寻等因素的限制，大额的投资资金是不适合进行全线操作短线的。（该部分内容在《铁血短线》VCD光盘中我们进行了详尽的讲解。）

3. 大资金的区域概念

由于市场进出吞吐量的限制，大资金在市场中是绝对无法在具体而确定的点位上进场和出局的。他们讲究的是区域性概念，即关心的是实战的进场区域和出局区域。

实战中大资金只能考虑进场于低位区域，出局于高位区域。而绝对不可能是市场或股价的具体低点和高点。

下图展示的是大资金的区域概念

【图1-13　胶带股份大资金阻击区域】

19

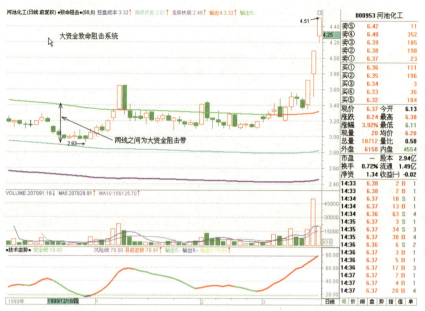

【1-14　大资金的区域动作】

【1-15　大资金的区域动作】

4. 小资金的点位进出概念

小资金因其进出方便，因而必须强调明确而具体的进出场技术信号发生的点位。

在临盘实战操作中，专业短线高手完全可以做到进场在技术的最低点和出局于技术的最高点。

请特别注意：我们这里说的不是股票的最高价和最低价，而是指目标股票或目标市场技术状态的高、低点。请投资者千万不要弄混淆了。

下图展示的是小资金的点位概念

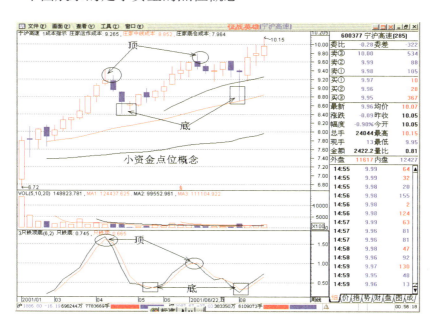

【图1-16　宁沪高速的进出点位】

5.仓位的集中和分散

投资资金使用总的原则是大钱分散，小钱集中。只有大资金才有资格谈得上投资组合。而对中小资金而言则必须考虑集中持仓。

21

具体地说，500万以下的投资资金在实战中绝对不允许持仓目标超过3只，而100万左右的投资资金在临盘实战操作中则只能集中精力，精心操作一只股票。

在这里，我们要特别指出，所谓"10个鸡蛋不要放在一个篮子里"的说法，是一种似是而非的错误投资理论。分散持仓表现出的本质是投资者对自己选股和操作能力的毫不自信。说明了自己不能够从众多的篮子中选出一个非常结实，能够放100个鸡蛋的结实篮子来放自己所有不多的10个鸡蛋。就算你有能力从市场中找到那么多的好篮子，但你有精力照顾的过来吗？投资者千万不要盲目迷信本身并不参与大规模实战投资的所谓理论家、分析家的胡言乱语。

他们自己从来就没有运作过大资金、自己也从来就没有运作资金坐过庄，所以根本就不知道人家大资金运作者或庄家究竟在想些什么和做些什么。而仅仅是靠拍自己的脑袋胡思乱想、编造一些连自己都没有把握的、似是而非的胡言乱语来害人害己。

6. 市场背景、目标对象运动技术态势的制约

<u>大盘背景</u>：近期安全度、当日技术态势。

<u>只有在大盘处于高位或调整态势之中，短线操作战术的展开才是专业选手的首选。</u>

请投资者牢牢记住，短线操作仅仅是一种投资获利的方法而绝对不是我们实战投资的目的。

在临盘实战投资中绝对不允许投资者出现为了短线而做短线的认识性和方法性错误。

具体地说，<u>就是大盘处于牛市末期、调整市道以及大幅下跌后需要反弹等几种情况下才能展开短线操作战术。</u>

在大盘处于加速上涨的主升段绝对不允许做短线，此时采用满仓战术。同时大盘处于明确的下降通道之中也不允许做短线。此时只能采用绝对的空仓战术。

特别要强调的是，在具体的投资实战中不会使用绝对空仓投资战术的投资者，就绝对不是专业短线高手。天天满仓操作是散户和

业余机构们干的事情。

就算大盘或个股目前处于能够做短线的市场背景下，短线操作也不是每天都可以做的，而且也没有必要勉强自己每天去硬做，犯普通选手容易犯的<u>距离市场太近、过度操作和随意盲目操作的低级毛病</u>。

在市场当日不提供短线机会的时候，投资者一定要耐住寂寞、静静地等待真正的投资机会的到来。<u>艺术性地把握好临盘实战的专业操作节奏</u>。

图1-17展示的是大盘的短线风险度概念

【图1-17　大盘短线风险度22%】

下图展示的是个股的短线风险度概念

【图1-18 个股短线风险度33%】

目标所处的技术态势：攻击或反弹、盘整与下跌。

就算在大盘背景需要展开短线操作战术的情况下，目标个股的技术态势也是是否能做短线操作的重要判据。

专业投资选手一定要明白做短线的真正目的是为了不参与个股走势状况不确定的调整，而决非仅仅是为了单纯的企图短期获取暴利。

对于具体的目标个股来说，专业短线高手是既不参与目标个股攻击中的调整，也不放过目标个股调整中的攻击。

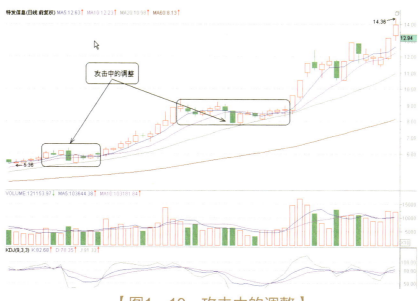

【图1-19　攻击中的调整】

【图1-20　调整中的攻击】

而这完全是两种不同行情性质的市场机会，其实战获利预期完全不同。

图1-21展示的是个股的短线位置概念

【图1-21　个股短线技术位置较安全状态】

投入资金的获利压力：时间、业绩、个性、心态。

在入市资金有时间限制和较大业绩压力的情况下，专业短线选手为了提高短期收益率，也可能采用在特殊情况下的全程短线操作方式进行临盘实战操作。

但是，在临盘实战投资操作中我们必须注意的是：一定要正确地理解短线的概念绝对不是持仓操作的时间短或今日进、明日出，为券商打工这种意义。而是不参与个股的行进中的停顿和庄家洗盘过程中的技术性调整。

顶尖高手的短线概念是：只出击高速行进中产生了非常态行情的目标股票，而绝对不仅仅是买进能涨的股票这么简单，而且这种临盘实战操作方式对使用者的专业投资水平和心理控制、资金管理能力有非常高的要求。这不是一般的投资者能够做到和轻易具备的。

四、业化短线操作的正确原则与标准次序

长年累月、日常化了的临盘实战投资活动，必须要用非常严格的措施和操作原则进行规范后，才能够很好地克服在临盘实战投资中由于人性弱点带来的实战操作失误和实战操作走样、变形这些缺陷。这是多少代伟大的实战投资家经历了无数残酷血战的总结。其对于临盘实战操作长久、稳定、持续的成功有着根本性的决定作用。

我们敢说，任何一次实战投资操作的失败，都一定是违背了实战投资活动的原则而产生的，不是因为其他别的任何原因。也就是说，任何实战投资操作失败一定是因为投资者自己，而不会是因为市场或是其他的原因，这一结论对任何人来说都绝对没有例外。

下面，我们给出具体的原则和已经标准化了的操作规范以及实战投资操作次序。只要你严格遵守，那么你投资成功就是肯定的，绝对不会出现失败的。

1.临盘实战操作展开的条件是否具备

◎ 大盘背景提供的条件：

大盘目前所处的具体位置、安全度、市场信心、参与意愿等要素的综合衡量是判定目前大盘是否适合展开临盘实战投资操作的要件。

大盘目前的位置和安全度直接制约着临盘实战操作是否可以展开，以及在多大规模和级别上进行展开的投资决定是否产生。

投资者的市场参与信心即大盘成交量多寡，最直接地体现出投资者的参与意愿是否强烈。

而这些操作技术要件必须尽可能地转化成可以定量判定的客观标准或明显的技术特征才好在实战时正确使用。这些内容我们在《铁血短线》VCD光盘中有规范化讲解。

下面我们用"征战英雄"交易软件对目前大盘的实战操作要件所给出的技术态势进行图示判定，以帮助读者能够形象地理解我们

27

对目标对象运动状况进行技术描述方法、分析研判方法以及由此而做出的临盘实战操作决定的因由，帮助投资者尽快地朝更高的专业水准晋级。

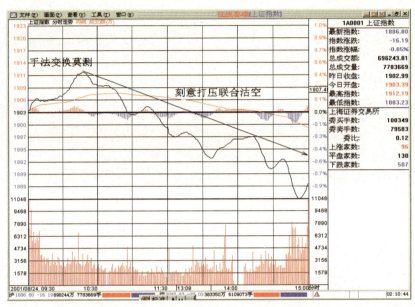

【图1-22　2001年8月24日大盘即时波动图】

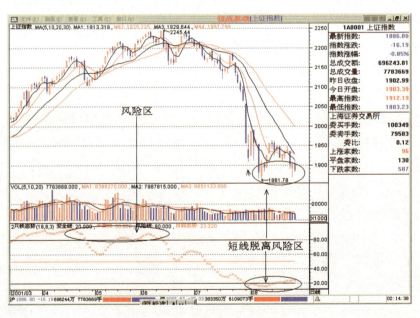

【图1-23　大盘日K线图】

◎ 板块个股获利机会：

临盘短线实战操作要买进的目标股票最好是热点。热点标志着集团大资金目前正在进行运作。而有了这一点就能够确保我们买进的目标股票至少能够持续走强几天的技术可能产生，以便保证我们短线进出的获利空间足够和投入资金进出的充分安全。

	代码	名称	涨幅↓	量比	最新	换手率	最高	最低	总手	现手	总额	委比
1	600806	昆明机床	+7.08%	3.08	14.37	15.52%	14.70	13.10	93118	109	12725.51	-0.23
2	600878	北大科技	+5.83%	3.70	12.71	3.76%	13.20	11.92	33299	114	4247.80	-0.17
3	600822	物贸中心	+5.75%	3.68	18.40	7.04%	18.50	17.89	9376	46	1708.88	0.12
4	600221	海南航空	+5.62%	2.68	7.33	0.86%	7.52	7.00	19068	8	1404.97	0.43
5	600853	ST北特钢	+4.99%	1.63	7.99	2.83%	7.99	7.58	46618	1	3692.66	1.00
6	600647	ST粤海发	+4.93%	2.30	19.78	1.40%	19.79	18.80	2937	23	572.83	-0.95
7	600635	大众科创	+4.55%	2.89	10.56	0.83%	10.60	10.26	21305	18	2227.88	-0.39
8	600605	轻工机械	+4.52%	2.57	19.65	2.36%	19.65	19.02	5664	30	1100.17	-0.02
9	600051	宁波联合	+4.26%	1.40	12.97	0.48%	12.98	12.44	4127	75	522.70	0.10
10	600763	ST中 燕	+4.05%	3.46	18.99	3.52%	19.16	18.31	14205	5	2679.44	-0.95
11	600799	科利华	+3.92%	1.88	10.60	0.29%	10.70	10.20	5192	84	546.38	-0.02
12	600100	清华同方	+3.25%	2.49	24.17	0.88%	24.40	23.42	21735	19	5238.23	0.27
13	600835	上菱电器	+2.92%	2.92	12.35	1.79%	12.39	11.99	25282	7	3088.79	0.33
14	600612	第一铅笔	+2.84%	2.66	17.39	1.08%	17.68	17.01	3139	50	545.69	0.31
15	600150	ST重 机	+2.76%	1.09	11.17	0.77%	11.20	10.89	5917	44	658.94	-0.73
16	600187	黑龙股份	+2.76%	2.47	10.07	1.09%	10.08	9.78	10663	42	1058.18	-0.88
17	600870	厦华电子	+2.75%	1.69	8.98	0.34%	9.02	8.65	5181	2	464.02	-0.66
18	600207	安彩高科	+2.61%	2.91	18.47	3.40%	18.70	18.05	61259	152	11279.90	-0.44
19	600141	兴发集团	+2.59%	1.43	15.83	0.56%	15.85	15.30	2250	10	353.12	0.15
20	600160	巨化股份	+2.59%	1.08	12.30	1.19%	12.32	11.70	10439	130	1270.99	-0.64
21	600673	成量股份	+2.52%	1.20	17.48	4.98%	17.78	16.32	22667	35	3880.72	-0.59
22	600267	海正药业	+2.49%	2.98	18.12	1.02%	18.19	17.70	6551	10	1177.74	0.27
23	600228	昌九股份	+2.45%	1.12	12.55	1.04%	12.68	12.25	9983	3	1257.26	0.22
24	600869	青海三普	+2.37%	2.06	16.87	0.99%	16.99	16.48	2960	8	498.07	-0.80
25	600071	凤凰光学	+2.36%	0.94	23.39	1.03%	23.75	22.85	8518	6	2001.32	-0.34
26	600803	威远生化	+2.36%	2.71	13.45	0.87%	13.67	13.23	5767	3	779.75	0.48
27	600769	祥龙电业	+2.36%	1.14	10.89	0.32%	10.85	10.53	2837	125	302.41	0.53
28	600149			0.86	14.80	1.68%	14.80	14.51	7551	16	1113.50	

上海A股 深圳A股 板块指数 自选股 A股板块 条件选股

沪 1938.07 +4.38 621511万 8402583手　深 4064.45 +16.03 368146万 5099552手　01:54:02

【图1-24　上海市场61排序图示】

如果当日盘中涨幅版第一板的股票品种混乱，不能形成横向或纵向关联，也就是说热点散乱，则当日基本不具备短线操作机会。

这种状况的出现暗示的是盘面中基本都是游击散庄在活动、在主宰大盘局面，而集团大资金则处于局外观望没有大规模进场参战。

临盘实战投资中对于游击散庄股票要买进时，参考的条件一定要更加严格，只有这样才能确保我们的临盘实战投资操作做到万无一失。真正达到不出手则罢，一出手就赢这样的大赢家境界。

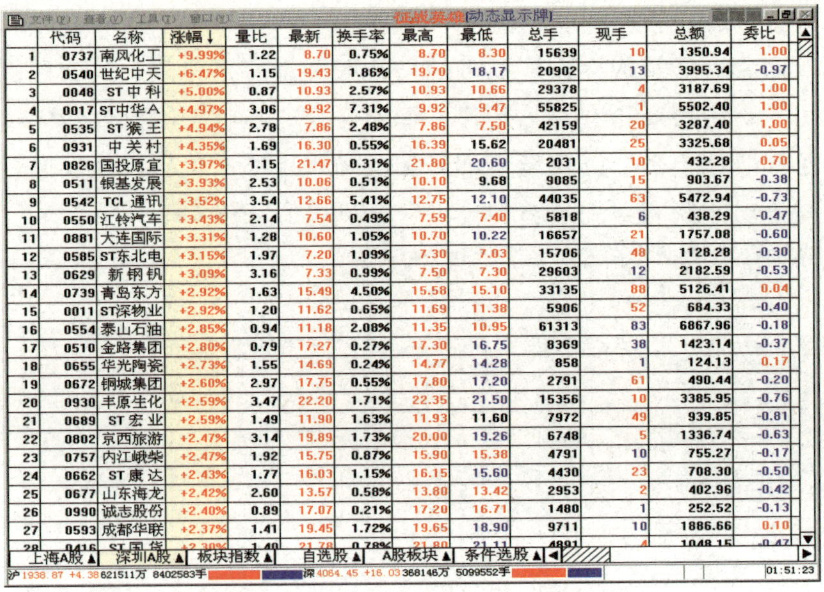

	代码	名称	涨幅↓	量比	最新	换手率	最高	最低	总手	现手	总额	委比
1	0737	南风化工	+9.99%	1.22	8.70	0.75%	8.70	8.30	15639	10	1350.94	1.00
2	0540	世纪中天	+6.47%	1.15	19.43	1.86%	19.70	18.17	20902	13	3995.34	-0.97
3	0048	ST中科	+5.00%	0.87	10.93	2.57%	10.93	10.66	29378	4	3187.69	1.00
4	0017	ST中华A	+4.97%	3.06	9.92	7.31%	9.92	9.47	55825	1	5502.40	1.00
5	0535	ST猴王	+4.94%	2.78	7.86	2.48%	7.86	7.50	42159	20	3287.40	1.00
6	0931	中关村	+4.35%	1.69	16.30	0.55%	16.39	15.62	20481	25	3325.68	0.05
7	0826	国投原宜	+3.97%	1.15	21.47	0.31%	21.80	20.60	2031	10	432.28	0.70
8	0511	银基发展	+3.93%	2.53	10.06	0.51%	10.10	9.68	9085	15	903.67	-0.38
9	0542	TCL通讯	+3.52%	3.54	12.66	5.41%	12.75	12.10	44035	63	5472.94	-0.73
10	0550	江铃汽车	+3.43%	2.14	7.54	0.49%	7.59	7.40	5818	6	438.29	-0.47
11	0881	大连国际	+3.31%	1.28	10.60	1.05%	10.70	10.22	16657	21	1757.08	-0.60
12	0585	ST东北电	+3.15%	1.97	7.20	1.09%	7.30	7.03	15706	48	1128.28	-0.30
13	0629	新钢钒	+3.09%	3.16	7.33	0.99%	7.50	7.30	29603	12	2182.59	-0.53
14	0739	青岛东方	+2.92%	1.63	15.49	4.50%	15.58	15.10	33135	88	5126.41	0.04
15	0011	ST深物业	+2.92%	1.20	11.62	0.65%	11.69	11.38	5906	52	684.33	-0.40
16	0554	泰山石油	+2.85%	0.94	11.18	2.08%	11.35	10.95	61313	83	6867.96	-0.18
17	0510	金路集团	+2.80%	0.79	17.27	0.27%	17.30	16.75	8369	38	1423.14	-0.37
18	0655	华光陶瓷	+2.73%	1.55	14.69	0.24%	14.77	14.28	858	1	124.13	0.17
19	0672	铜城集团	+2.60%	2.97	17.75	0.55%	17.80	17.20	2791	61	490.44	-0.20
20	0930	丰原生化	+2.59%	3.47	22.20	1.71%	22.35	21.50	15356	10	3385.95	-0.76
21	0689	ST宏业	+2.59%	1.49	11.90	1.63%	11.93	11.60	7972	49	939.85	-0.81
22	0802	京西旅游	+2.47%	3.14	19.89	1.73%	20.00	19.26	6748	5	1336.74	-0.63
23	0757	内江峨柴	+2.47%	1.92	15.75	0.87%	15.90	15.38	4791	10	755.27	-0.17
24	0662	ST康达	+2.43%	1.77	16.03	1.15%	16.15	15.60	4430	23	708.30	-0.50
25	0677	山东海龙	+2.42%	2.60	13.57	0.58%	13.80	13.42	2953	2	402.96	-0.42
26	0990	诚志股份	+2.40%	0.89	17.07	0.21%	17.20	16.71	1480	1	252.52	-0.13
27	0593	成都华联	+2.37%	1.41	19.45	1.72%	19.65	18.90	9711	10	1886.66	0.10
28	0416	ST国货	+2.30%	1.40	21.78	0.78%	21.80	21.11	4891	4	1048.15	-0.47

【图1－25　深圳市场63排序】

下面我们对什么是热点进行具体的描述：

热点：同一板块盘中涨幅和相对强度均排在第一版，量比也同时有效放大则该板块就是目前盘中的热点。

只有大规模集团热钱资金进行彻底运作才可能形成热点板块股群持续上攻的行情特征。获利机会的持续性才能得到有效的保证。

而大规模集团资金的进出运作行为绝对不会是简单和粗糙的，而是有着严密的计划和周详的安排。这就为我们的进出投资，安全获利提供了最大的技术保障。

	代码	名称	涨幅↓	量比	最新	换手率	最高	最低	总手	现手	总额	委比	均价	涨速
1	600508	N 上海能	+40.00%	1.00	12.60		13.27	12.42	650350	297	83164.56	0.58	12.79	3
2	600073	上海梅林	+10.05%	3.71	11.39	2.03%	11.39	10.31	24351	16	2747.20	1.00	11.28	1.
3	600217	秦岭水泥	+10.04%	3.25	14.80	1.10%	14.80	13.60	15441	3	2246.25	1.00	14.55	1.
4	600602	广电电子	+5.06%	2.51	9.97	0.49%	10.30	9.49	15664	1	1565.77	-0.81	10.00	0.
5	600770	综艺股份	+4.85%	3.20	15.56	1.36%	16.30	14.79	13421	8	2116.11	-0.33	15.77	0.
6	600778	友好集团	+4.82%	2.12	10.01	0.98%	10.51	9.64	16739	24	1699.44	-0.20	10.15	0.
7	600621	上海金陵	+4.25%	0.82	9.08	0.46%	9.22	8.71	9606	5	872.12	-0.71	9.08	0.
8	600735	兰陵陈香	+4.06%	3.24	20.78	4.77%	20.78	20.00	39843	818	8177.20	-0.82	20.52	0.
9	600899	信联股份	+3.95%	1.75	15.28	1.98%	15.95	14.48	10775	16	1659.81	-0.52	15.40	0.
10	600058	龙腾科技	+3.63%	1.56	21.14	0.66%	21.31	20.43	7973	1	1646.17	-0.78	20.65	0.
11	600888	新疆众和	+3.52%	2.37	20.60	2.20%	21.28	19.90	6448	6	1340.59	0.06	20.79	0.
12	600870	厦华电子	+3.51%	1.66	9.15	0.52%	9.15	8.77	7838	500	705.84	-0.40	9.01	0.
13	600183	生益股份	+3.21%	1.18	10.93	0.48%	11.60	10.91	6154	30	683.50	-0.27	11.11	0.
14	600377	宁沪高速	+3.16%	0.75	9.80	1.13%	9.82	9.45	16938	16	1644.42	0.37	9.71	0.
15	600657	青鸟天桥	+3.15%	2.14	21.97	1.18%	22.85	21.87	9361	6	2092.23	-0.76	22.35	0.
16	600830	甬港隆庙	+3.13%	1.58	14.81	0.51%	14.85	14.45	5202	10	766.52	-0.94	14.74	0.
17	600866	星湖股份	+3.09%	2.64	10.02	0.82%	10.36	9.75	15921	4	1611.09	0.75	10.12	0.
18	600681	诚成文化	+3.00%	1.52	9.95	0.43%	10.27	9.60	4656	25	464.58	0.10	9.98	0.
19	600376	天鸿宝业	+3.00%	0.92	27.81	1.15%	28.00	27.09	4620	6	1282.74	-0.66	27.77	0.
20	600422	昆明制药	+2.97%	1.69	27.00	0.57%	27.30	26.50	2296	15	618.97	-0.50	26.96	0.
21	600807	济南百货	+2.92%	1.12	17.29	0.27%	17.35	16.72	1751	1	299.48	0.55	17.10	0.
22	600679	凤凰股份	+2.91%	2.87	27.58	0.97%	27.72	26.80	2550	1	700.59	-0.46	27.47	0.
23	600290	苏福马	+2.85%	0.73	20.91	0.83%	21.33	20.33	2479	29	518.77	0.72	20.92	0.
24	600159	宁城老窖	+2.80%	1.70	16.50	0.74%	16.79	16.10	6542	3	1077.16	-0.66	16.46	0.
25	600568	潜江制药	+2.80%	1.70	27.91	1.06%	28.50	27.39	3718	8	1037.85	0.29	27.91	0.
26	600832	东方明珠	+2.77%	1.75	21.17	0.49%	22.00	20.55	7653	60	1634.08	0.37	21.35	0.

【图1-26 上海市场61排序】

目标股必须是主流热点板块，这是我们实战选股的最最重要条件。而且我们的学生则只操作热点中的焦点。（《铁血短线》VCD光盘中有讲解）某学生就凭着这一招3年时间从3万元变为近80万。这是短线实战投资操作成功的关键之关键！！！切记，切记并坚决执行！

◎ 实战投资参战资金是否充分：

市场的大好机会一年就一两次，在每次重大投资机会降临的时候，投资者是否准备好了一定的实战投资资金就显得尤为关键。

许多投资者经常是任何时候都处于满仓的不利技术状态之中。无论是牛市、熊市还是平衡市，天天、年年都是处于全线满仓之中。

在真正有重大投资获利的市场机会出现的时候，他们反而是在盼着能够解套，等到刚要解套的时候行情已尽，获利机会已经溜走，使他们非常的痛苦。

他们根本没有办法去捕捉市场中能够真正产生巨大获利空间的目标股票，即对超级大黑马进行成功的操作，白白丧失掉大好的获利机会，使自己的投资资金永远处于长不大，始终处于原地踏步的尴尬境地。

31

耐心等待获取利润的重大市场机会出现，在重大市场获利机会产生的时候，投资者必须有成套的充分资金即时进行参与，也是专业化投资成功的关键。这同时也是专业化投资资金管理的重要内容之一。

2.实战研判和操作的专业次序（行情数据和交易数据）

<u>发现机会</u>：要点——大盘、板块、热点（焦点）、目标。

从盘面中快速发现获利机会是专业投资的最重要基本功。其要点我们在《短线英雄》一书和《铁血短线》VCD之中已经有了较为详尽的讲解，这里就不做展开了。

<u>下定决心</u>：成功概率、获利/风险率、操作规模。

投资者在正确地发现了市场机会、捕捉到了具体的操作目标以后，下面要做的专业工作就是必须正确地衡量：如果自己要展开临盘实战投资操作，那么它的成功率大小，以及可能产生的获利/风险程度；最终形成临盘参与实战的正确技术决心，以确定自己的实战操作具体投入的资金规模和后续采用的保护手段。

【图1-27　从月线技术系统看】

短周期技术要件：30、60分钟必杀技术系统。

短线绝活：最佳买点和最佳卖点。

通过动、静态技术图表选定了目标股票以后，其具体的买卖点位必须在动态即时和分时走势中得以实现，而且，我们力求实现最好的临盘实战操作技术性出击。

临盘实战投资操作最佳买点：职业铁律不允许违背，否则绝对难以确保成功！

在大盘平静的市场背景下，经历长期横向准备后的某日，目标股票发动向上攻击运动，其动态最佳技术买点为该股的30分钟K线图表均线系统的3线上穿10线形成产生了放量向上攻击性金叉，同时其30分钟指标系统的KDJ指标也已经形成了有效金叉。

【图1-28　30分钟买点】

【图1-29　30分钟买点】

在大盘背景向好时，我们可以放宽到以15分钟分时技术图表系统作为分析研判和临盘操作的标准。

【图1-30　15分钟买点】

相反，在大盘背景不好时，我们应该严格控制到以60分钟分时

34

技术图表系统为临盘实战操作的进出标准。

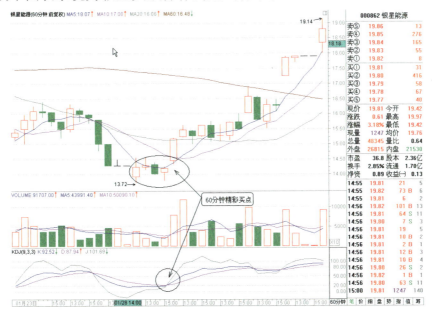

【图1-31　60分钟买点】

　　如果目标股票60分钟的技术图表系统产生了有效金叉，则一般可以支持目标股票的股价上扬8个小时左右。

　　临盘实战具体操作时，若目标股票的30分钟技术系统的KDJ指标在高位时，我们可耐心等待其股价回档以后，再考虑介入，临盘买进的价位可能较低；若目标股票的30分钟技术系统的KDJ指标，在低位形成金叉时，我们临盘实战操作坚决买进，则获利十拿九稳。在临盘实战中可以作果断追涨性介入，临盘讲究操作速度，不可犹豫不决。

　　如果每次买进时均能执行以上规则、遵守纪律，严格按照上述条件进行，则临盘实战操作的买点必然成功。

　　◎　临盘实战操作最佳卖点：

　　职业铁律绝对不允许违背，否则实战投资绝对不能成功！

　　经历长期上涨以后的某日，目标股票出局的盘中动态最佳卖点为该股的30分钟K线图表均线系统的3线下穿10线形成并向下形成攻击性死叉。同时其30分钟的技术系统的KDJ指标在高位也已经形成有效死叉。

35

【图1-32　30分钟卖点】

在大盘背景向好或目标股票的走势特强时，我们可以考虑将临盘实战投资的操作标准放宽到以60分钟的分时技术图表系统的信号为出局操作标准。

【图1-33　60分钟卖点】

在大盘背景不好或目标股票的走势较弱时，我们则应该考虑严格控制到以15分钟分时技术图表的信号为临盘实战投资操作出局的标准。

【图1-34　15分钟卖点】

在临盘具体操作时，若30分钟技术系统的KDJ指标在高位时，我们应果断地杀出，不能犹豫，心存幻想。若30分钟技术系统的KDJ指标处在低位时，我们可以考虑逢高卖出。目标股票的图表系统死叉形成时，我们临盘实战操作则必须坚决、果断卖出，绝对不允许在盘中犹豫不决或盲目地幻想。如果我们临盘实战操作想买进，则其股价在后市自有低点可寻而不是在此时考虑。

37

【图1-35　30分钟卖点】

如果每次临盘实战操作卖出时，均能严格遵守铁血操作纪律，严格按照上述条件操作，则临盘实战操作的卖点必然凸现出技术上的精彩和完美。

【图1-36　30分钟卖点】

　　每次临盘实战操作时，如果你都能够严格按照如上条件限定，像无情绪的机器人一样，则战无不胜的巨大投资成功将永久地陪伴着你。从此，股票市场就是你的聚宝盆，巨大的财富将取之不尽用之不竭。你成为成功的专业投资者就只是时间的问题，而不再存在技术和心理意志上的困难了，恭喜你了，朋友！

　　中周期技术要件：日、周、月技术系统（一出手就赢）。

　　下面是一套完整的实战操作系统，曾经作为内部训练教程的入门篇，在我们内部训练学生的技术体系意识上使用过。虽然简单粗糙，但临盘实战操作时非常好用。

附："一出手就赢"技术系统

沧海横流——操作质量胜于操作数量——英雄出头

　　在临盘实战投资操作中，如果你曾经被套牢，则肯定是违背了我们的列举的如下原则。相反，要上涨的股票，则必须满足我们的如下限定原则。绝对不会有例外。

　　（1）临盘实战必胜买进操作条件框定

　　如果目标股票技术系统的周线KDJ指标的J值在低中位向上金叉KD值，同时目标股票技术系统的月KDJ指标也在低中位运行，且方向朝上。

　　临盘实战操作坚决买进，后续必胜无疑！坚决出手！

【图1-37 月线KDJ指标】

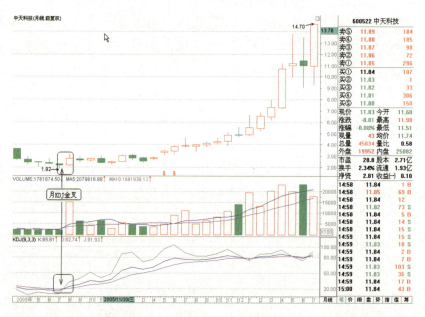

【图1-38 月线KDJ指标】

（2）赢定卖出条件框定

如果目标股票技术系统的周线KDJ指标的J值从高位向下击穿

80，或在中位死叉KD指标，同时目标股票技术系统的月J值的运行方向转为向下。

临盘实战操作时坚决卖出，绝无后悔！坚决出手！

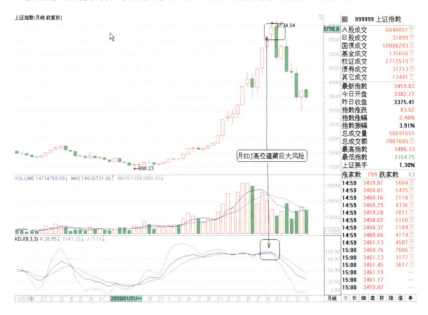

【图1-39　月线KDJ指标】

【图1-40　月线KDJ指标】

41

（3）在使用中必须注意（请仔细阅读后面的细则部分）

股票不是天天可以做的，也没有必要天天做。生活中总是，累的人不会赚钱，会赚钱的人不累！

平时我们必须以极大的耐心等待，彻底做到不是机会不动手；在临盘实战行动展开时要学会抓大机会，打大胜仗，真正做到一出手就赢！

如果目标股票技术系统的月线KDJ指标在低位，同时其周线KDJ指标在20以下形成金叉就是大机会，临盘实战操作时果断进场，必然是赢多输少，九生一死！其技术系统的指标数值越低则产生的可能获利机会就越大！

【图1-41　月线KDJ指标】

如果一只股票要产生大涨行情则必须满足其技术系统的周、月线指标的KDJ方向朝上，绝对没有例外！

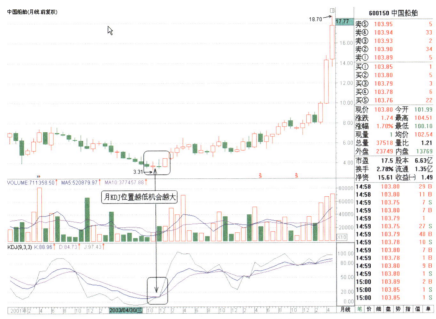

【图1-42 月线KDJ指标】

无论目标个股或大盘，只要出现以上买进、卖出操作条件，那么巨大的机会就来临了。

在临盘实战操作中，我们必须要敢于捕捉机会，要敢于全力出击目标,要敢于进场大胆赚钱。同时也要能够善于果断地出局避险。

在绝大多数时候，我们则应该好好地休息，静静地思考以提高自己的分析研判和实战操作能力，达到轻轻松松赚钱、安安全全避险，这是大赢家境界！

再次强调：在临盘实战操作中，如果你曾经被套牢一定是周线或月线技术系统的KDJ方向朝下，绝对没有例外！

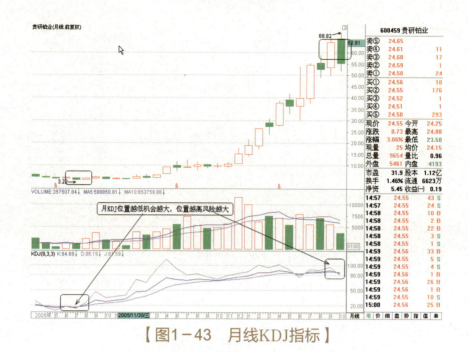

【图1-43　月线KDJ指标】

请投资者认真体会如上两大买卖条件中的每一个字，体会越深，临盘实战操作赚钱越多，切记！

《一出手就赢》技术系统
使用细则说明

如果目标股票技术系统的月线J值在20以下，周线J值在10以下时，目标个股或大盘均孕育着巨大的历史性暴涨赢利机会。实战临盘操作时，我们不要为股价走势的凄风苦雨和悲观绝望的市场心态所左右，临盘实战操作必须勇于领先一步进场参战，要为人之所不敢为。

其J值越低则机会越大，一旦J的运行方向由向下转为向上时，机会之女神就降临了。

当技术系统的月线KDJ指标在低位时，孕育的是大行情，当周线KDJ指标在低位孕育的是中级行情，而日KDJ指标在低位则只有短线小行情。

战胜自己是英雄

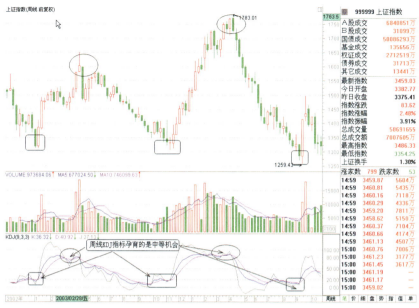

【图1-44　周线KDJ指标】

【图1-45　日线KDJ指标】

　　相反技术系统的月线J值在80以上，周线J值在90以上时，目标个股或大盘均孕育着可怕的巨大暴跌风险，临盘实战操作时不要为走势的莺歌燕舞和人气鼎沸的疯狂假象所迷惑，临盘实战操作时必须勇于超前一步急流勇退，要敢于为人之所不愿为。

45

其J值越高则风险越大，一旦J的运行方向由向上转为向下，死亡之恶魔就现身了。

当技术系统的月线KDJ指标在高位则意味着将进行大级别的调整，当技术系统的周线KDJ指标在高位则意味将进行中等级别的调整，而当技术系统的日线KDJ指标在高位则意味着将进行短线调整。

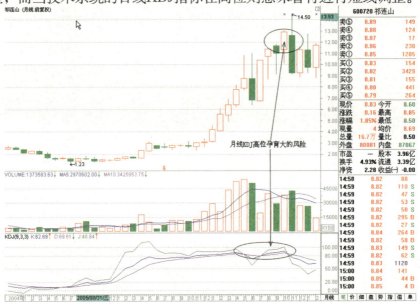

【图1-46　月线KDJ指标】

【图1-47　周线KDJ指标】

专业化短线操作的
基本概念与原则

实战投资临盘操作的资金、仓位管理与技术指标位置的严格对应关系：

当技术系统的月线KDJ指标运行在低位时，重仓；中位时，中等仓位；高位时，空仓或轻仓。

【图1-48　月线KDJ指标】

【图1-49　月线KDJ指标】

47

特别提醒投资者注意：临盘实战中只要你被套牢则肯定是目标股票技术系统的月线或周线出了问题，绝无例外！对于已经除权的股票我们必须小心对待，因为其除权对目标股票的技术图表系统产生了破坏，使用该方法必须进行SPLIT（复权）处理！

【图1-50A　未SPLIT复权处理】

【图1-50B　SPLIT复权处理后】

【图1-50 月线KDJ指标】

【图1-51 月线KDJ指标】

　　当目标股票技术系统的月线KDJ指标、周线KDJ指标、日线KDJ指标，即所有周期的指标均在20以下低位，全部金叉共振向上攻击发散时，是我们临盘实战操作中千载难逢的巨大历史性买进机

49

会。所有参战资金应该全线进场，重拳出击，满仓参与决战。投资者要善于并敢于赢大钱！

当目标股票的月线KDJ指标、周线KDJ指标、日线KDJ指标，即所有周期的指标均在80以上高位全部死叉共振向下溃败发散时，是我们临盘实战操作中确定无疑的出局信号，也是场内所有参战兵力不顾一切的最后逃命机会。所有参战资金必须全线离场，彻底清仓，决不留恋。投资者不要为股价一时涨跌波动的小利所诱惑，不要傻乎乎地去为最后的晚餐支付昂贵的账单。

在指标运行方向非同一时，出现矛盾时该如何处理？

当目标股票技术系统的日线KDJ指标低位金叉时：临盘实战中只能作超级短线行情进行关注，临盘实战操作时要严格执行止损保护性战术动作。

而此时技术系统的周线KDJ指标、月线KDJ指标的运行方向同时朝下时则只有短线行情，可用所有资金10%的最大投资极限，参与超级短线炒作。

当技术系统的日线KDJ指标的J线运行方向一旦高位向下死叉80或中位死叉KD值，则临盘实战操作时必须不计盈亏果断坚决出局。此时场中安全系数极低。

临盘实战操作时最好放弃这种机会，不去赚这种安全性低的钱。多看少动，只欣赏庄家表演。如果实在想动时，请务必严格坚守铁血操作纪律。

而此时技术系统的周线KDJ指标的方向朝上，而月线KDJ指标的运行方向朝下时，则只有中短线行情产生，临盘实战操作可用所有资金的30%即较少资金参与短线操作。

当技术系统的日线KDJ指标的J线运行方向一旦高位向下死叉80或中位死叉KD值时，临盘实战操作必须不计盈亏果断坚决出局，并耐心等待，让时间来化解因技术系统的日线、周线与月线KDJ指标方向不同产生的行情矛盾。

【图1-52　月线KDJ指标】

【图1-53　周线KDJ指标】

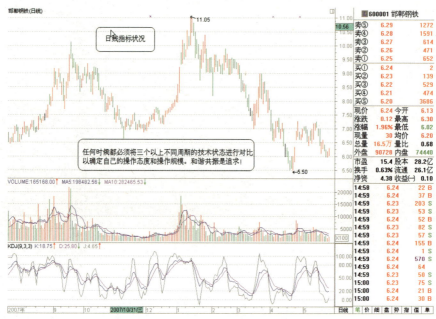

【图1-54　日线KDJ指标】

　　如果此时技术系统的月线KDJ指标的运行方向朝上，而周线KDJ指标的运行方向朝下，说明该股已经进入中等级别的调整，所有场中已经参战的资金必须全线离场、彻底清仓，决不留恋，不要为小利所诱惑，而应该耐心地等待技术系统的周线KDJ指标的运行方向重新金叉向上攻击时进场。

　　当技术系统的周线KDJ指标在低位金叉时：临盘实战操作时，只能做中短线关注，并严格止损条件。

　　如果此时技术系统的月线KDJ指标方向朝下时，则只有反弹行情。如果技术系统的日线KDJ指标在低位金叉朝上，则反弹力度较大，临盘实战操作可用所有资金的30%参与短线操作。

　　在技术系统的日线KDJ指标的J线一旦向下死叉80或死叉KD值时，临盘实战操作必须不计盈亏、坚守纪律果断坚决出局。并耐心等待用时间来化解技术系统的日线、周线与月线KDJ指标运行方向不同的矛盾。

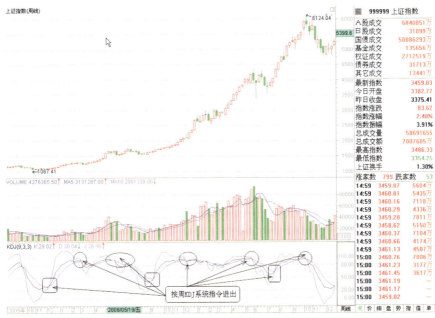

【图1-55　周线KDJ指标】

　　如果此时技术系统的月线KDJ指标、周线KDJ指标低位金叉向上攻击发散，而日线KDJ指标高位死叉向下时，是临盘实战操作最佳的逢低吸纳良机。临盘实战操作时请耐心等待一旦技术系统的日线KDJ指标形成金叉向上，所有资金应乘机全线进场，坚决重拳出击、满仓参与决战！

　　当技术系统的月线KDJ指标低位金叉时，临盘实战操作时应该高度关注，重大获利机会即将降临。

　　技术系统的月线KDJ指标金叉向上则目标个股或大盘的攻击性态势彻底确立，临盘实战操作买进成为主旋律。

　　临盘实战操作时只要目标股票出现技术系统的周线、日线KDJ指标金叉均是我们的买进良机，临盘实战操作中不必斤斤计较于微小的价位高低。因为此时涨的方向是西瓜，跌的方向是芝麻。

　　所谓多头行情，其实就是技术系统的月线KDJ指标从低位向上运动的行情，做股票就是做多头行情，在绝大部分时间投资者都应该是空仓的休息和等待。

53

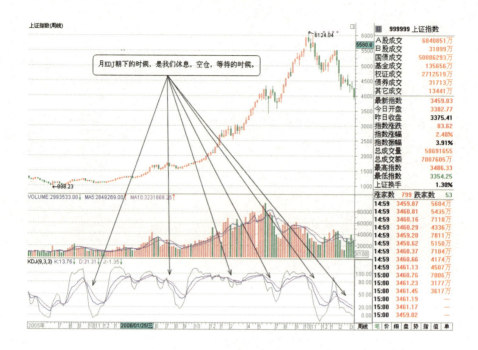

【图1-57　月线KDJ指标】

　　实战操作的初级选股次序：选出的目标股票必须严格按照规范化方式进行实战操作并采用跟随性保护措施。

　　首先将技术系统的月线KDJ指标处于低位且运行方向朝上或横走的所有股票全部选出并进行记录、登记填入专业化表格。

专业化短线操作的
基本概念与原则

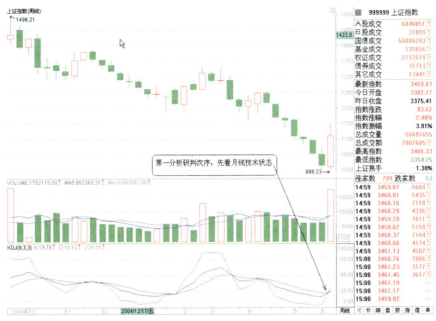

【图1－58　月线KDJ指标】

再将以上选出的目标股票中技术系统周线KDJ指标运行在中低位置并且方向朝上的股票再次挑出并进行记录、登记填入专业化表格。

【图1－59　周线KDJ指标】

英雄就是你自己

对经过按照以上两道程序严格筛选出的目标股票进行严密关注，一旦其技术系统的日线KDJ指标金叉，临盘实战操作时，我们应该坚决买进。

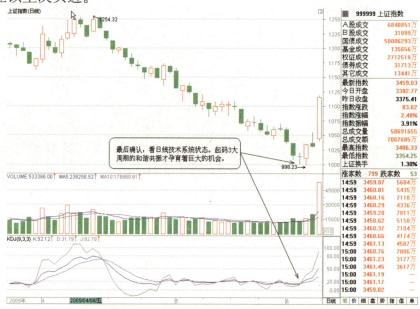

【图1-60　日线KDJ指标】

如果是持股者则应该严密注意，如其技术系统的周线KDJ指标处于高位，则自己持有股票的技术系统的日线KDJ指标高位一旦出现死叉，临盘实战操作时就可短线先出局，回避风险而不必等待其技术系统的周线KDJ死叉形成后才出局。这样将有利于将自己持有的目标股票卖在较为理想的技术状态之下。

在临盘实战分析、研判时，若从盘中所有的股票中选不出能够同时满足技术系统的月、周线KDJ指标数值处于低位的股票，这就已经清楚地说明了大盘目前不好、非常疲弱。在投资者的临盘实战操作中最好多观望。如果想要展开操作时，可以考虑技术系统的周线KDJ指标在低位金叉的个股用少量资金快进快出抢个短线反弹。

此时，我们特别要强调在临盘实战中进出操作的速度要快，千万不能贪心，而有因贪心被套牢后由短线变成中线甚至长线，闹出非专业选手经常出现的低级笑话。

<u>长周期技术系统要件</u>：季、年线大级别技术系统。

大盘或目标股票的季线、年线图形属于分析研判、实战操作所用到的长周期技术要件。对长周期技术要件的分析有助于我们从宏观大局上，高屋建瓴地把握大的投资方向，从而使我们能够站在大的战略级别的高度，更好地规划我们自己的投资管理活动。

当中国股票市场的历史变得较长以后，这种从季线、年线级别上对行情发展的研判将更加凸现其重要性。

作者在参与外盘的投资实战中所进行的研判就经常利用到季线、年线等大级别的技术要件，其实战效果非常可观，我们借此对美国市场道琼斯指数、SP500、NASDAQ、恒生指数等的技术走势判定就异常准确。在笔者所写的《二板英雄》中就有当时详细的实况记录。

下面我们特意列举几幅近期的外盘技术图形供投资者参考，以利于投资者对外国资本市场有一个初步的了解。

【图1-61 道琼斯指数即时走势震荡图】

（说明：本书相关的外盘图片资料经Bigcharts.com等授权使

用，作者为能够使用如此精美的图片对他们表示感谢。时间：2001年8月22日。）

【图1-62　NASDAQ指数即时走势震荡图】

【图1-63　道琼斯指数日线技术系统图表】

【图1－64　NASDAQ指数日线技术系统图表】

【图1－65　道琼斯指数季线技术系统图表】

英雄就是你自己

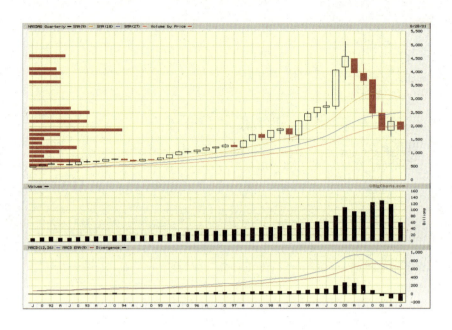

【图1－66　NASDAQ指数季线技术系统图表】

【图1－67　道琼斯指数年线技术系统图表】

战胜自己是英雄

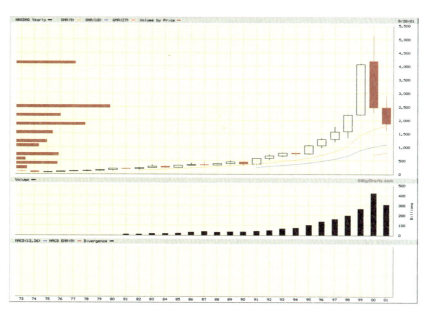

【图1-68　NASDAQ指数年线技术系统图表】

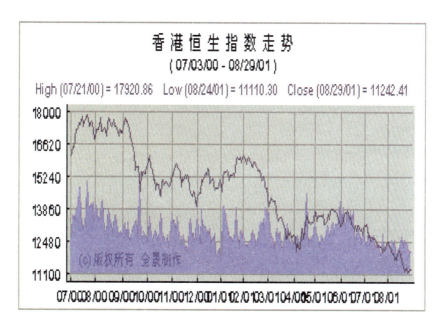

【图1-69　香港恒生指数价位线技术图表】

英雄就是你自己

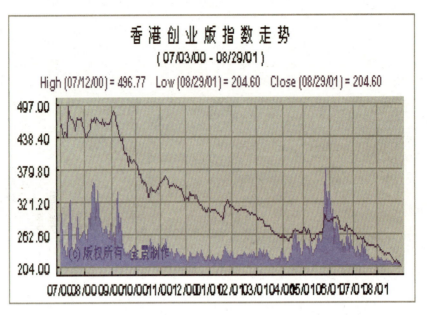

【 图1-70　香港创业板指数价位线技术图表 】

【 图1-71　IBM电脑季线技术系统图表 】

【图1-72 IBM电脑年线技术系统图表】

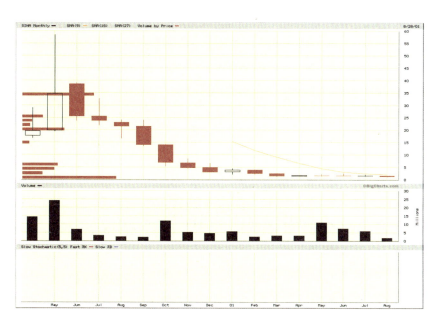

【图1-73 SINA新浪季线技术系统图表】

【图1-74　SOHU搜狐季线技术系统图表】

【图1-75　DELL戴尔电脑季线技术系统图表】

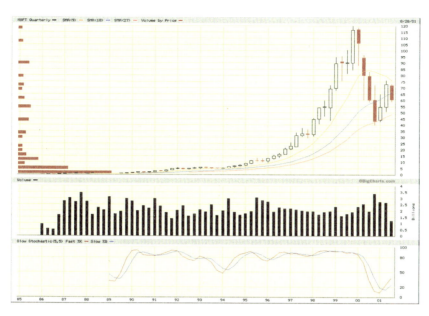

【图1－76　微软季线技术系统图表】

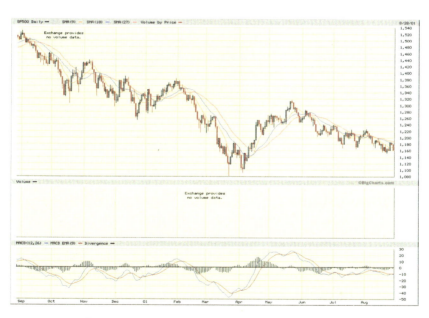

【图1－77　SP500日线技术系统图表】

英雄就是你自己

【图1-78　SP500季线技术系统图表】

【图1-79　SP500年线技术系统图表】

3.临盘实战操作决策

（本部分内容在《铁血短线》光盘中，已经详尽地进行了讲解，下面我们仅把纲要性的东西，简单提示一下，以保持技术体系的完整。）

目标圈定：目标选定正确、实战操作高速。

在临盘实战操作正式展开的时候，市场的残酷要求我们必须做到能够以正确的专业方法，快速专业化地从眼花缭乱的众多股票中迅速发现机会股群，并能够以最快的速度定位自己准备实施操作的具体目标股票。

步骤目标正确、进出操作高速是残酷实战对我们提出的最低要求，真正专业化的选手，一定通过各种专业化的训练方法很好地解决这一问题。

资金配置：试验性仓位、保护性仓位、追击性仓位。

在正确、快速地选出目标股票以后，专业选手能够迅速地根据目标股票的获利风险比率，以及实战操作成功胜率大小，正确地将自己的参战资金进行科学的合理配置。

其具体包含着：

试验性仓位的确立；

保护性仓位的保障；

追击性仓位的安排。

临盘实施：原则、信号、果断坚决执行、意志问题。

对于真正的专业选手来说，所有的临盘实战操作动作都必须建立在确定无疑的技术原则之上。任何一次实战买进都必须按照具体而详尽的操作条件进行展开。同样，任何一次实战卖出都必须按照具体而详尽的操作条件进行操作。

对于专业选手来说在临盘实战中绝对不允许出现连自己都说不出准确买卖依据的实战行为出现。

在能够严格坚持买卖操作实战原则之后，真正的专业选手对于临盘出现的技术信号或操作指令，能够以第一时间、不加犹豫地在实战中快速执行，而绝对不会瞻前顾后，患得患失。看其是否能够

67

坚决、果断、正确无误地执行盘中出现的技术信号或操作指令，是我们衡量一个投资者专业素养高低的重要判据。绝对不要以为自己比已经经过残酷实战考验的技术系统提示的进出依据高明。这种认识误区是招致许多自以为聪明的投资者重大投资失败的根本原因。人性的根本弱点是不容易被轻易克服的。

临盘实战操作铁血意志的培养、训练和铸就，是成为伟大的专业投资家或高明的专业投资者的必由之路。

第二章
专业化短线操作的基本方法

奴仆眼中无天才

一、专业化实战投资方法

娴熟地掌握专业化投资操作方法是提高投资者实战投资操作业绩的关键，同时对于专业化投资方法掌握的好坏也直接决定着投资者实战投资操作能力和投资水平的高低。

下面我们将对最经典的专业化实战操作方法进行详尽的讲述，以便于投资者能够彻底的掌握，并在自己的临盘实战投资中娴熟地进行运用。

1.追涨和杀跌战术：临盘实战操作成立的前提条件

追涨不是追高：

股谚有云："不明朗市不入"，"君了不立危墙之下"。而追涨、恰好追的就是确定无疑的涨势。非常符合顺势而为的经典投资方法，是专业高手实战操作获利的重要投资方法和临盘实战操作手段。要求每一个专业投资者彻底掌握。

下面我们用两幅技术图形来说明实战操作中的追涨战术是如何具体地进行运用的。

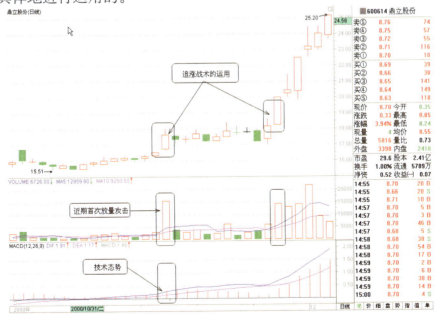

【图2-1　追涨战术的实战运用】

英雄就是你自己

【图2-2　追涨战术的实战运用】

在理论上，我们必须明确地区分，追涨绝对不是去追高。这里所指的高，<u>也绝对不是指目标股票价格的高，而是指的目标股票技术状态的高。</u>（低的概念也是同理）

比如，一只60元的股票，其月KDJ指标处于20以下的低位刚刚金叉向上，而同时有另外一只6元的股票其月KDJ指标在80以上且刚刚死叉朝下。那么在实战中，我们应该考虑的是买进60元的股票，而绝对不是股价更低的6元的股票。因为60元的股票在技术上处于低位，安全。

相反，6元的股票在技术上却处于高位，操作非常危险。

追涨，<u>同时也可以回避目标股票涨势不确定时的下跌或横向盘整这两种情况。</u>只要目标股票已经明确无误地涨起来了，就说明有市场力量在大力做多买进，此时我们应该跟随着参与，而不是去自作聪明、逆势而为。

在理论上，我们还必须明确地认识到，<u>一只股票不跌并不简单等于要涨，</u>因为该股还可能长期横盘。由此增长了投资者参与的时间和加大了机会成本，同时可能出现的变盘风险。这种情形出现对专业高手来说是极为不利的。

下面，我们将对目标股票的高、低状况的判别用"征战英雄"软件的技术系统进行图示比较。本软件自用或友情赠送少数朋友并无商业化广告含义，在此说明一下。

【图2-3 技术态势对应短线进出图示】

【图2-4 股价长期处于高位】

73

【图2-5 股价长期处于高位】

【图2-6 股价处于技术低位】

【图2-7　股价处于技术高位】

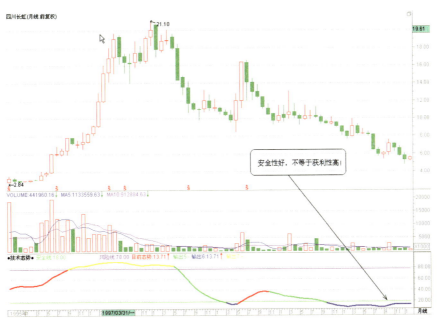

【图2-8　股价长期处于低位请注意　安全性高≠获利性好】

◎ 杀跌不是杀低

杀跌杀的是<u>确定无疑的跌势</u>。也非常符合顺势而为的经典投资方法。杀跌，同样也是专业高手实战操作的重要投资技术和临盘实战操作手段。

下面我们将用两幅技术图形来说明杀跌战术在临盘实战操作中的具体运用。

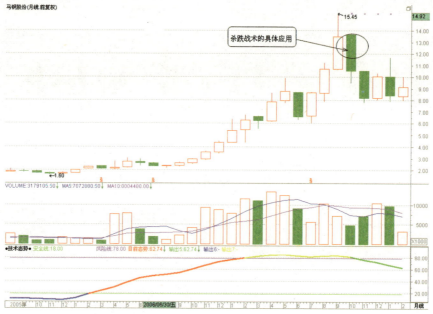

【图2-9　杀跌战术的具体运用】

我们特别要强调的是，<u>理论上必须注意区分，杀跌绝对不是杀低</u>。这里所指的低，也绝对不是指目标股票价格高低的低，而是指的目标股票技术状态的高。（高抛的概念也是同样的道理）

比如一只60元的股票，其月KDJ指标处于20以下的低位并刚刚金叉向上，而同时又有另外一只6元的股票，其月KDJ指标在80以上刚刚死叉朝下。那么在实战中60元的股票就是低，而6元的股票就是我们这里所说的高。

在实战时，我们应该考虑的是卖出股价低，而技术状态高的6元的股票，而绝对不是股价高的60元的股票。因为60元的股票在技术上处于低位，非常安全。相反，6元的股票在技术上却处于高位，实战操作非常危险。

76

【图2-10　杀跌战术的具体运用】

杀跌同时也可以避免错失涨势未尽的行情。只要已经明确无误地跌下去了，就说明有市场力量在大力卖出，我们也应该跟随卖出。临盘实战操作中30分钟或60分钟技术系统的死叉是临盘杀跌出局的实用法则。

2.低吸、高抛战术：操作成立的前提条件

高抛战术：

上涨中的目标股票应该让其彻底表现。只有等待其向上的攻击能力消失后才可以判定是否出局。

在目标股票没有产生技术上的卖出理由之前，我们绝对不能只凭感觉，因恐惧、担心其可能的下跌就随便将该股卖出。这是非专业投资者的通病。

我们必须强调，投资分析界推崇的所谓低吸高抛的高抛不具备专业操作价值，只能作为临盘实战操作的补充。因为其高抛的高，在实战中无法确定出客观、定量的可操作性标准。该方法纯粹是业余水平的思维方式和操作方法，在专业短线实战中不宜在专业选手中提倡。

在目标股票没有发出技术上的卖出信号之前，我们绝对不能只凭感觉，因恐惧、担心其可能的下跌就随便将该股卖出。这是企图比市场聪明的投资者的致命通病。其隐含着极大的投资哲学思想上的认识性错误。

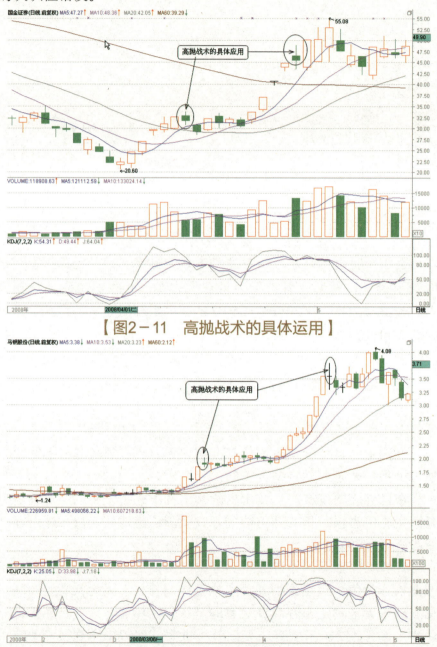

【图2-11　高抛战术的具体运用】

【图2-12　高抛战术的具体运用】

战胜自己是英雄

低吸战术：

目标股票在上涨阶段回调到<u>关键的技术位置、止跌缩量，并且已经企稳时</u>可以展开低吸战术。

<u>在目标股票的60日、30周均线朝上的技术前提条件之下</u>，如果盘中股价回调到这些技术位置时，临盘实战可以坚决低吸。而且这通常是大手笔补仓战术展开的大好良机。

【图2－13　低吸战术的具体运用】

追涨的目标股票，因大盘原因<u>突然暴跌后缩量时</u>，可以展开低吸。其临盘实战操作的技术前提是目标股票的技术状态必须满足《短线神枪手》所规范的技术条件。

经历长期下跌后目标股票的股价远离技术图表的均线系统，技术指标的周线KDJ指标也处于低位，日线技术系统的KDJ指标两次金叉出现时，可以结合乖离率用短线抢反弹展开低吸实战。但是，抢反弹临盘实战操作的仓位应轻。60分钟技术系统发出卖出信号时，无论盈亏我们都必须坚决出局，而不能在临盘实战操作中观望和犹豫。

<u>特别提示</u>：在下降通道中，低吸战术的展开一定要小心、小心又小心。

【图2-14　下降通道低吸小心】

从技术面上看，目标股票从分时到周、月所有的指标均处于低位，金叉将形成时可以展开低吸。

下面我们将用具体的技术图形来说明低吸战术在临盘实战操作中的具体运用。

【图2-15　低吸战术的运用】

【图2-16 低吸战术的运用】

3.空仓、观望战术：操作成立的前提条件

可以肯定地说，不会空仓就绝对不是优秀的专业投资选手。那种无论市场条件好坏，无论个股技术状态高低，无论目标股票技术安全度究竟如何，不管是牛市、熊市一年四季都满仓操作是散户和业余投资机构的低水平行为。

我们在这里要反复地强调，空仓是一种专业投资的必备战术而且也是一种非常高级的专业战术。彻底掌握这一战术需要坚强的心灵力量来抗拒频繁波动市场的利润诱惑。

其实，市场中获利的机会或者说提供给我们进行实战操作的时间是不多的。大部分时间我们都必须使自己处于绝对的空仓状态以便在获利条件具备、市场机会出现时自己能够更好地捕捉获利良机。

相反，在大部分时候，市场是不提供给我们投资获利的必要操作条件的。此时空仓是明智的选择。在空仓的时候我们有充裕的时间观察市场、锻炼、提高自己的专业本领，静静地等待大好战机的

81

悄然出现。

　　同时，我们也无比的轻松。生活是如此的美好，真正做到了轻轻松松赚钱、高高兴兴获利的人生大境界。

【图2－17　空仓战术的运用】

【图2－17B　空仓战术的运用】

二、短线操作临盘失误的技术处置

我们是人不是神。我们既不能保证每次都看对，也不能保证一次都不做错。对于专业投资选手来说，如果是<u>偶然看错了，可以原谅，但做错了就很难给予原谅</u>。因为，做对的操作标准和操作规则已经非常明确。

<u>不能像捍卫自己生命一样严格遵守操作纪律和操作规则是专业境界不高的具体表现。</u>

在技术状态的高位因看错，必须严格止损。低位因看错，可以采取补仓。中位看错，应该观望。如果是操作错了，则必须回头认真检查操作规范和心态意志。

仓位调整：换股、T+0……

【图2－18　高位止损】

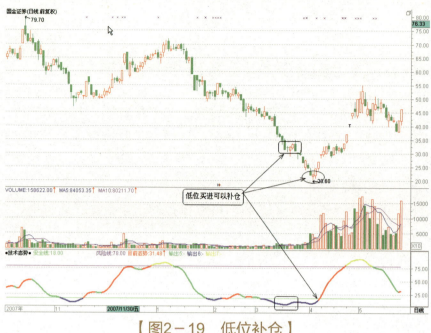

【图2-19 低位补仓】

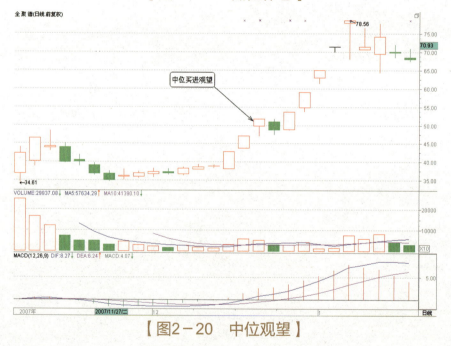

【图2-20 中位观望】

三、快速发现黑马的线索与要领

1.快速发现黑马目标：通过盘口语言

什么是看盘？所谓看盘，就是看市场的各种要素及其相互之间的关系。这些要素就是市场的信息和盘口的语言。

市场要素：价、量、时（速度、角度）、人。

市场有四大要素，它们分别是股票的价格、时间、成交量和参与的投资人。这几大要素的盘中变动及其相互关系是我们看盘发现获利机会和躲避亏损风险的关键。

价格要素的变动情况，我们通过涨跌幅排序功能能够以最快的速度得到了解。乾隆、胜龙等分析软件的61、63键就能完成这一常规看盘程序。

如果涨幅排列在前面的说明庄家在往上拉抬做盘，跌幅排列在前面的说明市场中有人在抛售，庄家在出货。

下面我们把在自己的学员中使用的专业化发现目标、捕捉黑马的实用表格，提供给投资者参考。读者可以根据自己的需要进行增加、减少。

【 目标股群搜索表 】

中线的安全是操作成立的前提条件   实战日期：周一   1999年7月19日

股名	涨幅	量比	趋势	价格	备注
实达电脑	+2.3%	4.8	刚向上	16.89元	洗盘结束3日均线带量上攻坚决介入
综艺股份	+2.8%	5.2	刚向上	26.81元	调整结束3日均线带量上攻坚决介入
第一百货	+2.1%	2.3	云梯向上	8.88元	云梯式突破庄家高举高打，果断介入
热点	调整时期热点无法持续，操作中只能快进快出超级短线操作。出现误判坚决止损，决不能短线变中线或长线。我们是人不是神，不能每次看对但能每次做对！
大盘背景	昨日大盘破位后今日大盘跳空下跌40点，控盘主力构筑空头陷阱的意图暴露无遗，绝大部分个股处于风声鹤唳中。今日敢于逆势飘红的股票的庄家绝非善类，其实力不容低估。这样的情况下坚决买进迎接大盘反弹契机的到来。如此条件失误几率很小，万一失算坚决止损出局。
战况追踪	按最高价算：实达3天+24.3% 综艺5天+33.3% 一百5天+25.2%

	代码	名称	涨幅%	现价	涨速%	总市值	流通股本	总量	现量	日涨跌	换手%	今开	昨收	市盈率
1	600747	大连控股	10.03	6.58	0.00	70.03亿	67112.36	12.9万	19	0.60	1.92	5.99	5.98	—
2	600638	新黄浦	10.03	13.60	0.00	76.32亿	47070.44	56300	5	1.24	1.20	12.43	12.36	46.58
3	600611	大众交通	10.03	10.42	0.00	164.23亿	52840.37	54251	2	0.95	1.03	9.96	9.47	62.77
4	600287	江苏舜天	10.03	7.79	0.00	34.03亿	25929.80	27247	10	0.71	1.05	7.10	7.08	140.26
5	600704	中大股份	10.03	16.57	0.00	62.10亿	32726.08	38540	3	1.51	1.18	15.12	15.06	90.89
6	600197	伊力特	10.02	10.10	0.00	44.54亿	20937.10	72609	9	0.92	3.47	9.25	9.18	28.69
7	600506	香梨股份	10.02	11.75	0.00	17.36亿	10132.19	12.1万	2	1.07	11.92	10.65	10.68	98.19
8	600208	新湖中宝	10.01	8.13	0.00	229.42亿	46613.92	10.5万	24	0.74	2.26	7.45	7.39	50.50
9	600339	天利高新	10.01	10.22	0.00	53.72亿	34752.39	79050	2	0.93	2.27	9.33	9.29	131.24
10	600755	厦门国贸	10.01	19.79	0.00	98.25亿	35816.46	10.2万	10	1.80	2.85	18.11	17.99	18.91
11	600128	弘业股份	10.01	19.68	0.00	39.25亿	14021.79	57721	85	1.79	4.12	17.89	17.89	117.83
12	600433	冠豪高新	10.00	8.36	0.00	13.38亿	7920.00	16679	120	0.76	2.11	7.60	7.60	705.64
13	600346	大橡塑	10.00	10.12	0.00	10.63亿	5521.25	77195	1	0.92	13.98	9.40	9.20	277.35
14	600109	国金证券	9.99	46.34	0.00	231.76亿	7738.50	15.9万	6	4.21	20.50	42.10	42.13	15.95
15	600615	丰华股份	9.99	13.43	0.00	25.25亿	13268.76	45830	393	1.22	3.45	12.08	12.21	474.72
16	600835	上海机电	9.99	20.92	0.00	178.30亿	26915.33	68169	1	1.90	2.53	19.13	19.02	33.66
17	600986	科达股份	9.98	13.34	0.00	22.36亿	10499.15	10502	5	1.21	1.00	12.63	12.13	2066.77
18	600630	龙头股份	9.97	13.35	0.22	56.72亿	29705.03	41.2万	20	1.21	13.88	12.24	12.14	175.93
19	600552	方兴科技	9.97	9.60	0.00	11.23亿	7853.81	27473	5	0.87	3.50	8.79	8.73	45.76
20	600980	北矿磁材	9.95	8.62	0.00	11.21亿	7854.43	34459	5	0.78	4.39	7.85	7.84	18.00
21	600037	歌华有线	9.62	18.11	0.33	192.00亿	58325.83	18.3万	120	1.59	3.13	16.59	16.52	84.07
22	600685	广船国际	9.61	39.47	0.17	133.12亿	16062.90	44583	30	3.46	2.78	36.40	36.01	18.94
23	600748	上实发展	8.88	15.20	0.33	164.67亿	39423.82	10.0万	39	1.24	2.54	13.92	13.96	61.40
24	600660	福耀玻璃	8.76	10.68	-0.17	213.92亿	92273.60	29.9万	26	0.86	3.24	9.88	9.82	28.07
25	600635	大众公用	8.36	13.48	0.00	201.57亿	121097.45	34.7万	944	1.04	2.87	12.60	12.44	92.84
26	600848	自仪股份	8.19	10.30	0.19	41.13亿	14356.29	55995	35	0.78	3.90	9.52	9.52	542.31
27	600863	内蒙华电	8.16	5.83	-0.34	115.51亿	57293.53	25.2万	2	0.44	4.39	5.48	5.39	—
28	600562	高淳陶瓷	8.11	9.06	-0.22	7.62亿	6194.52	35646	99	0.68	5.75	8.40	8.38	253.01
29	600624	复旦复华	8.06	14.21	-0.21	49.05亿	25720.59	21.7万	10	1.06	8.44	13.25	13.15	235.30
30	600138	中青旅	7.72	20.24	0.04	84.07亿	33291.12	74048	15	1.45	2.22	18.90	18.79	64.71

分类 ▲ 自股 中小 B股 权证 基金 三板 自选 地区 ▲ 行业 ▲ 据名 ▲ 自定 ▲

【图2-21 上海市场61排序】

	代码	名称	涨幅%	现价	涨速%	总市值	流通股本	总量	现量	日涨跌	换手%	今开	昨收	市盈率
1	002242	N 九 阳	104.13	46.01	0.23	122.85亿	5360.00	44.5万	2158	23.47	82.96	43.88	22.54	30.12
2	002243	N 通 产	46.53	11.40	-0.17	18.39亿	3240.00	23.8万	1072	3.62	73.34	12.00	7.78	37.90
3	000665	武汉塑料	10.06	7.55	0.39	13.40亿	10193.59	65651	1672	0.69	6.44	6.90	6.86	729.87
4	000791	西北化工	10.05	6.24	0.00	11.79亿	10533.59	30793	162	0.57	2.92	5.70	5.67	—
5	000559	万向钱潮	10.04	8.88	0.00	91.07亿	51143.66	13.2万	795	0.81	2.58	8.08	8.07	27.85
6	002166	莱茵生物	10.03	16.90	0.00	10.95亿	1650.00	14033	38	1.54	8.50	15.47	15.36	271.12
7	002021	中捷股份	10.01	9.12	0.00	22.71亿	14982.73	34506	296	0.83	2.30	8.32	8.29	92.84
8	000755	山西三维	10.00	15.07	0.00	70.72亿	33878.57	13.8万	420	1.37	4.07	13.85	13.70	29.75
9	000551	创元科技	9.99	8.92	0.00	21.56亿	15755.91	10.7万	827	0.81	6.79	8.18	8.11	39.31
10	002129	中环股份	9.98	14.54	0.00	52.73亿	20136.35	52400	57	1.32	2.60	13.45	13.22	26.71
11	000955	欣龙控股	9.98	10.47	0.00	30.69亿	15403.24	19.5万	147	0.95	12.69	9.32	9.52	—
12	002176	江特电机	9.98	19.29	0.00	13.07亿	1700.00	8731	9	1.75	5.14	18.23	17.54	80.83
13	000897	津滨发展	9.37	7.82	-0.63	126.47亿	129868.42	30.8万	13458	0.67	2.37	7.21	7.15	152.15
14	000049	德赛电池	9.19	9.03	0.55	12.36亿	6404.27	24565	3472	0.76	3.84	8.12	8.27	273.79
15	000821	京山轻机	9.07	6.13	-0.32	21.16亿	27338.58	63463	1245	0.51	2.32	5.65	5.62	122.72
16	000425	徐工科技	8.78	16.60	-0.06	90.48亿	37683.21	54273	405	1.34	1.44	15.30	15.26	—
17	000930	丰原生化	8.49	7.41	-0.38	76.38亿	81688.74	36.7万	4637	0.62	4.49	7.37	7.30	55.98
18	000683	远兴能源	8.48	20.47	-0.04	104.78亿	21970.00	15.0万	3687	1.60	6.83	19.02	18.87	49.99
19	000060	中金岭南	8.45	27.97	-0.03	204.54亿	49882.71	12.3万	1728	2.18	2.47	26.00	25.79	18.36
20	000527	美的电器	8.42	18.03	-0.38	345.88亿	137267.00	14.5万	1402	1.42	1.06	17.10	16.63	41.42
21	000938	紫光股份	8.35	21.29	0.56	43.87亿	14812.48	87294	2734	1.64	5.89	19.72	19.65	41.42
22	000998	隆平高科	8.25	36.74	-0.13	57.87亿	11787.42	26.4万	4765	2.80	22.44	33.85	33.94	17.48
23	000652	泰达股份	8.18	9.91	0.61	144.46亿	103207.04	20.0万	3920	0.74	1.94	9.10	9.05	145.28
24	002084	海鸥卫浴	7.57	9.81	-0.70	20.78亿	5340.00	12493	256	0.69	2.34	9.24	9.12	65.81
25	000850	华茂股份	7.56	8.68	-0.22	54.61亿	33681.51	63044	381	0.61	1.87	8.10	8.07	114.01
26	000532	力合股份	7.30	17.10	0.07	48.64亿	28155.64	18.3万	1588	0.96	6.50	16.59	13.15	—
27	002177	御银股份	7.25	17.60	-0.17	26.25亿	3800.00	7819	108	1.19	2.06	16.42	16.41	41.62
28	002032	苏泊尔	7.14	17.25	0.05	76.60亿	4864.14	35169	606	1.15	7.23	16.08	16.10	35.88
29	000783	长江证券	6.98	24.36	-0.07	407.98亿	26207.83	19.2万	2561	1.59	7.32	22.49	22.77	29.99
30	002041	登海种业	6.62	25.27	-0.11	44.48亿	8796.54	10.9万	2408	1.57	12.44	23.60	23.70	26.71

分类 ▲ 自股 中小 B股 权证 基金 三板 目选 地区 ▲ 行业 ▲ 据名 ▲ 自定 ▲

【图2-22 深圳市场63排序】

对于成交量的变动情况，我们可以通过量比指标的排序功能以最快的速度得到了解。

乾隆、胜龙等分析软件的 * 键连续按动，就能完成这一功能。量比排列在前面的，说明该股今日在放量，参与的投资者众多；量比排列在后面的，说明今日该股缩量，参与的投资者稀少。

下面用图示来说明专业选手常规看盘方法

	代码	名称	涨幅%	现价	涨速%	总市值	流通股本	总量	现量	日涨跌	换手%	今开	昨收	市盈率
1	600747	大连控股	10.03	6.58	0.00	70.03亿	67112.36	12.9万	19	8.60	1.92	5.99	5.98	
2	600638	新黄浦	10.03	13.60	0.00	76.32亿	47070.44	56300	5	1.24	1.20	12.43	12.36	46.58
3	600611	大众交通	10.03	10.42	0.00	164.23亿	52840.37	54251	2	0.95	1.03	9.96	9.47	62.77
4	600287	江苏舜天	10.03	7.79	0.00	34.03亿	25929.80	27247	10	1.05	1.05	7.10	7.08	140.26
5	600704	中大股份	10.03	16.57	0.00	62.10亿	32726.08	38540	3	1.51	1.18	15.12	15.06	90.89
6	600197	伊力特	10.02	10.10	0.00	44.54亿	20937.10	72689	9	0.92	3.47	9.25	9.18	28.69
7	600506	香梨股份	10.02	11.75	0.00	17.36亿	10132.19	12.1万	2	1.07	11.92	10.65	10.68	98.19
8	600208	新湖中宝	10.01	8.13	0.00	229.42亿	46613.92	10.5万	24	0.74	2.26	7.45	7.39	50.50
9	600339	天利高新	10.01	10.22	0.00	53.72亿	34752.39	79050	2	0.93	2.27	9.33	9.29	131.24
10	600755	厦门国贸	10.01	19.79	0.00	98.25亿	35816.46	10.2万	10	1.80	2.85	18.11	17.99	18.91
11	600128	弘业股份	10.01	19.68	0.00	39.25亿	14021.79	57721	85	1.79	4.12	17.89	17.89	117.83
12	600433	冠豪高新	10.00	8.36	0.00	13.38亿	7920.00	16679	120	0.76	2.11	7.60	7.60	705.64
13	600346	大橡塑	10.00	10.12	0.00	10.63亿	5521.25	77195	1	0.92	13.98	9.40	9.20	
14	600109	国金证券	9.99	46.34	0.00	231.76亿	7738.50	15.9万	6	4.21	20.50	42.10	42.13	15.95
15	600615	丰华股份	9.99	13.43	0.00	25.25亿	13268.76	45830	393	1.22	3.45	12.08	12.21	474.72
16	600835	上海机电	9.99	20.92	0.00	178.30亿	26915.33	68169	1	1.90	2.53	19.13	19.02	33.66
17	600986	科达股份	9.98	13.34	0.00	22.36亿	10499.15	10502	5	1.21	1.00	12.63	12.13	2066.77
18	600630	龙头股份	9.97	13.35	0.22	56.72亿	29705.03	41.2万	0	1.21	13.88	12.24	12.14	175.93
19	600552	方兴科技	9.97	9.60	0.00	11.23亿	7853.81	27473	5	0.87	3.50	8.79	8.73	45.76
20	600980	北矿磁材	9.95	8.62	0.00	11.21亿	7854.43	34459	5	0.78	4.39	7.85	7.84	18.00
21	600037	歌华有线	9.62	18.11	0.33	192.00亿	58325.83	18.3万	120	1.59	3.13	16.59	16.52	84.07
22	600685	广船国际	9.61	39.47	0.17	133.12亿	16062.90	44583	30	3.46	2.78	36.40	36.01	18.94
23	600748	上实发展	8.88	15.20	0.33	164.67亿	39423.82	10.0万	39	1.24	2.54	13.92	13.96	61.40
24	600660	福耀玻璃	8.76	10.68	-0.18	213.92亿	92273.60	29.9万	26	0.86	3.24	9.88	9.82	28.07
25	600642	大众公用	8.36	13.48	-0.07	201.57亿	121097.45	34.7万	944	1.04	2.87	12.60	12.44	92.84
26	600848	自仪股份	8.19	10.30	0.19	41.13亿	14356.29	55995	35	0.78	3.90	9.52	9.52	542.31
27	600863	内蒙华电	8.16	5.83	-0.34	115.51亿	57293.53	25.2万	2	0.44	4.39	5.48	5.39	—
28	600562	高淳陶瓷	8.11	9.06	-0.22	7.62亿	6194.52	35646	99	0.68	5.75	8.40	8.38	253.01
29	600624	复旦复华	8.06	14.21	-0.21	49.05亿	25720.59	21.7万	10	1.06	8.44	13.25	13.15	235.30
30	600138	中青旅	7.72	20.24	-0.04	84.07亿	33291.12	74048	15	1.45	2.22	18.90	18.79	64.71

分类▲ 自股 中小/B股 权证 基金 三板 自选 地区▲ 行业▲ 概念▲ 自定▲

【图2-23　上海市场61排序】

	代码	名称	涨幅%	现价	涨速%	总市值	流通股本	总量	现量	日涨跌	换手%	今开	昨收	市盈率
1	002242	N 九 阳	104.13	46.01	0.23	122.85亿	5360.00	44.5万	2158	23.47	82.96	43.88	22.54	30.12
2	002243	N 通 产	46.53	11.40	-0.17	18.39亿	3240.00	23.8万	2072	3.62	73.34	12.00	7.78	37.90
3	000665	武汉塑料	10.06	7.55	0.39	13.40亿	10193.59	65651	1672	0.69	6.44	6.90	6.86	729.87
4	000791	西北化工	10.05	6.24	0.00	11.79亿	10533.59	30793	162	0.57	2.92	5.70	5.67	—
5	000559	万向钱潮	10.04	8.88	0.00	91.07亿	51143.66	13.2万	795	0.81	2.58	8.08	8.07	27.85
6	002166	莱茵生物	10.03	16.90	0.00	10.95亿	1650.00	14033	38	1.54	8.50	15.47	15.36	271.12
7	002021	中捷股份	10.01	9.12	0.00	22.71亿	14982.73	34506	296	0.83	2.30	8.32	8.29	92.84
8	000755	山西三维	10.00	15.07	0.00	70.72亿	33878.57	13.8万	420	1.37	4.07	13.85	13.70	29.75
9	000551	创元科技	9.99	8.92	0.00	21.56亿	15755.91	10.7万	827	0.81	6.79	8.18	8.11	39.31
10	002129	中环股份	9.98	14.54	0.00	52.73亿	20136.35	52400	57	1.32	2.60	13.45	13.22	26.71
11	000955	欣龙控股	9.98	10.04	0.00	30.69亿	15403.24	19.5万	147	0.95	12.69	9.32	9.52	—
12	002176	江特电机	9.98	19.29	0.00	13.07亿	1700.00	8731	9	1.75	5.14	18.23	17.54	80.83
13	000897	津滨发展	9.37	7.82	-0.63	126.47亿	129868.42	30.8万	13458	0.67	2.37	7.21	7.15	152.15
14	000049	德赛电池	9.19	9.03	0.55	12.36亿	6404.27	24565	3472	0.76	3.84	8.12	8.27	273.79
15	000821	京山轻机	9.07	6.13	-0.32	21.16亿	27338.58	63463	1245	0.51	2.32	5.65	5.62	122.72
16	000425	徐工科技	8.78	16.60	-0.06	90.48亿	37683.21	54273	405	1.34	1.44	15.30	15.26	—
17	000930	丰原生化	8.49	7.92	0.38	76.38亿	81688.74	36.7万	4637	0.62	4.49	7.37	7.30	55.98
18	000683	远兴能源	8.48	20.47	-0.38	104.78亿	21970.00	15.0万	3687	1.60	6.83	19.02	18.87	49.99
19	000060	中金岭南	8.45	27.97	-0.03	204.54亿	49882.71	12.3万	1728	2.18	2.47	26.00	25.79	18.36
20	000527	美的电器	8.42	18.29	0.21	345.86亿	137267.00	14.5万	1402	1.42	1.06	17.10	16.87	31.25
21	000938	紫光股份	8.35	21.29	0.56	43.87亿	14812.48	87294	2734	1.64	5.89	19.72	19.65	41.42
22	000998	隆平高科	8.25	36.74	-0.13	57.87亿	11787.42	26.4万	4765	2.80	22.44	33.85	33.94	17.48
23	000652	泰达股份	8.18	9.79	0.61	144.46亿	103207.04	20.0万	3920	0.74	1.94	9.10	9.05	145.28
24	002084	海鸥卫浴	7.57	9.81	-0.70	20.78亿	5340.00	12493	256	0.69	2.34	9.24	9.12	65.81
25	000850	华茂股份	7.56	8.68	-0.22	54.61亿	33681.51	63044	381	0.61	1.87	8.10	8.07	114.01
26	000532	力合股份	7.30	14.11	0.07	48.64亿	28155.64	18.3万	1588	0.96	6.50	13.17	13.15	—
27	002177	御银股份	7.25	17.60	-0.17	26.25亿	3800.00	7819	108	1.19	2.06	16.42	16.41	41.62
28	002032	苏 泊 尔	7.14	17.25	0.05	76.60亿	4864.14	35169	606	1.15	7.23	16.08	16.10	35.88
29	000783	长江证券	6.94	24.36	-0.61	407.98亿	26207.83	19.2万	2561	1.59	7.32	22.49	22.77	29.99
30	002041	登海种业	6.62	25.27	-0.11	44.48亿	8796.54	10.9万	2408	1.57	12.44	23.60	23.70	26.71

分类▲ 自股 中小/B股 权证 基金 三板 自选 地区▲ 行业▲ 概念▲ 自定▲

【图2-24　深圳市场63排序】

对其他市场要素的了解，我们还可以通过看资金流向的成交额排序、相对强弱排序以及委比排序等进行细致的了解，以便我们能够更加全面地了解市场的真实情况。

专业选手由于各种技术功力的娴熟，因此总是采用最快捷的方式完成自己的任务。

2.经典快速看盘程序：81、83排序功能活用图解

各种分析软件都有一个共同的功能：技术指标综合排序。该功能充分快捷地反应了市场中各大要素最强和最弱的目标股票的情况。是市场中各种力量最典型的汇聚之地。

对综合指标排名榜的研究与利用，能够提供捕捉获利机会的捷径和快速初级爆发性黑马。因此也叫黑马窗口。

下面我们用图示来说明专业选手经典看盘方法

【图2－25　8月18日上海综合排序龙虎榜】

【图2-26　8月18日深圳综合排序龙虎榜】

【图2-27　8月22日上海综合排序龙虎榜】

深证A股综合排名

今日涨幅排名	5分钟涨幅排名	委比正序排名
1:0737 南风化工 +4.83%	47:0031 深宝恒A +0.59%	432:0737 南风化工 -0.48
2:0048 ST 中 科 +3.20%	48:0721 西安饮食 +0.59%	433:0702 正虹科技 -0.48
3:0889 华联商城 +2.97%	49:0791 西北化工 +0.59%	434:0069 华侨城A -0.49
4:0680 山推股份 +2.55%	50:0671 石狮新发 +0.57%	435:0671 石狮新发 -0.49
5:0498 丹东化纤 +2.52%	51:0922 阿继电器 +0.57%	436:0969 安泰科技 -0.50
6:0912 泸 天 化 +1.62%	52:0709 唐钢股份 +0.56%	437:0510 金路集团 -0.50
	...工 +0.55%	438:0637 茂化实华 -0.50
	...+0.55%	439:0668 武汉石油 -0.50
		440:0751 锌业股份 -0.51

委比逆序排名

...工 +0.55%	63:0668 武汉石油 -0.50
...份 +0.55%	64:0637 茂化实华 -0.50
...份 +0.56%	65:0510 金路集团 -0.50
...器 +0.57%	66:0969 安泰科技 -0.50
...发 +0.57%	67:0671 石狮新发 -0.49
...工 +0.59%	68:0069 华侨城A -0.49
...食 +0.59%	69:0702 正虹科技 -0.48
...元 +0.59%	70:0737 南风化工 -0.48
	71:0418 小天鹅A -0.48

总金额排名

...16.11	1:0048 ST 中 科 6590.68
...13.21	2:0737 南风化工 6003.05
...9.66	3:0002 深万科A 3746.77
...7.94	4:0540 世纪中天 3745.14
...7.91	5:0682 东方电子 3378.57
...7.69	6:0554 泰山石油 2775.73
...6.76	7:0024 招商局A 2719.25
...6.01	8:0699 佳纸股份 2304.45
...5.65	9:0063 中兴通讯 1726.00

【深圳综合排序龙虎榜】

涨幅	委比正序排名
...热缩 +4.80%	1:600599 N 浏阳花 0.98
...股份 +4.26%	2:600289 亿阳信通 0.97
...股份 +4.00%	3:600702 沱牌曲酒 0.96
...软件 +3.86%	4:600887 伊利股份 0.94
...集团 +3.69%	5:600727 鲁北化工 0.90
...发展 +3.50%	6:600756 齐鲁软件 0.86
...电脑 +3.47%	7:600603 兴业房产 0.86
...胶片 +3.35%	8:600745 ST康 赛 0.83
...电器 +3.32%	9:... 宝钢股份 0.83

委比逆序排名

...利药 -2.42%	1:600277 亿利科技 -0.95
... 赛 -0.90%	2:600038 哈飞股份 -0.94
...企业 -0.56%	3:600539 狮头股份 -0.92
...天桥 -0.47%	4:600120 浙江东方 -0.92
...吴 -0.45%	5:600287 江苏舜天 -0.92
...科技 -0.44%	6:600705 北亚集团 -0.92
...马 -0.34%	7:600699 辽源得亨 -0.92
...水泥 -0.30%	8:600180 九发股份 -0.90
...股份 -0.19%	9:600753 ST冰 熊 -0.90

总金额排名

...百货 3.35	1:600519 贵州茅台 46346.31
...旅业 3.34	2:600599 N 浏阳花 44042.98
...股份 3.34	3:600539 狮头股份 33086.38
...集团 3.10	4:600498 烽火通信 24042.83
...股份 2.97	5:600028 中国石化 10359.13
...股份 2.92	6:600603 兴业房产 7916.99
...电脑 2.52	7:600418 江汽股份 6662.07
...软件 2.50	8:600566 洪城股份 6589.14
...科技 2.43	9:600709 蓝田股份 6532.27

【上海综合排序龙虎榜】

【图2-30 8月29日深圳综合排序龙虎榜】

<u>从而快速发现黑马目标</u>（仅是线索并非依据）。

3.临盘实战操作目标股票框定

◎ 黑马股票静态技术图表的条件框定依据：

一只股票成为大黑马必然是集团大资金对它进行彻底而连贯运作的结果。从K线图表的价量关系上看就必然会具备许多大资金有计划持续控盘、操盘动作的特征。这是连最狡猾的庄家也都必然要露出马脚。大黑马的产生绝对不是偶然的小庄家的临时游击、赚小钱的操作行为。

从静态的K线图表看，一只大黑马的诞生必然是做盘的庄家用资金实力控制了该股票绝大部分的在外流通筹码。只有这样庄家才能对该股票进行随心所欲的价、量操纵。

因此该股票在爆发前必然具有庄家大规模建仓的成交量特征：要么长时间大规模隐蔽建仓；要么以横扫一切的抢盘动作坚决彻底不计成本地拔高突击建仓。

其共同的特征都是控盘庄家必须持有该股60%以上的流通筹

92

码。这在成交量分布结构上将会有充分的体现：资金进而未出。并且庄家还必须具备有充足的后援拉高再放量的资金实力。（只铁战法之《战无不胜——洞烛玄机》有充分论述。）

从日K线图表看，该股票的图表必须是30日均线走平向上，处于股价循环运动第一阶段盘底已经胜利结束，或第二阶段上涨初、中期的时候。

该股票的短期均线系统必须全部形成向上攻击的多头排列，并且必须以大成交量：量比放大1倍以上，支持3日均线的大角度≥50度陡峭上扬的向上攻击态势。这是大黑马股票的重要特征之一。

对有翻倍能力的超级大黑马必须附加其他的图表技术条件。不具备该条件的股票在短线也可能有相当惊人的涨幅，但是该情况的出现必须是整体大盘背景健康良好并具备有板块股群向上助攻的人气鼎沸的市场氛围条件。（翻倍黑马的内容详见只铁战法《战无不胜》的论述）

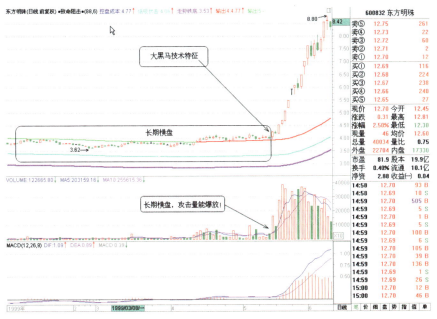

【图2-31　大黑马的技术特征】

英雄就是你自己

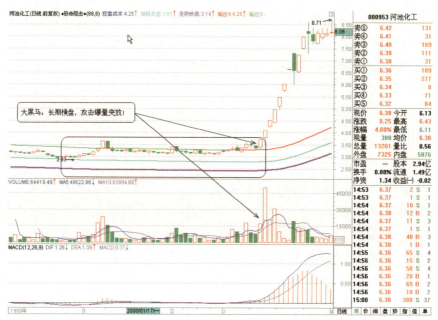

【图2-32 大黑马的技术特征】

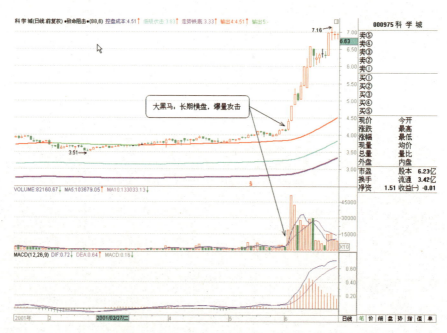

【图2-33 大黑马的技术特征】

◎ 黑马股票的动态盘面搜索——第一时间同步即时捕捉技巧

我们首先打开钱龙、胜龙或其他股票分析软件的综合指标排名龙虎榜。进行专业化看盘选股。

第一道专业搜索程序：

我们的搜索目标直指涨幅榜：大盘上涨时要求目标个股涨幅大于3%，大盘振荡、调整时要求目标个股走势强于大盘的有异常波动的股票。初步发现目标股票X股、Y股、Z股。这是第一次筛选。

【图2-34 综合排序龙虎榜】

【图2-35　综合排序龙虎榜】

第二道专业搜索程序：

　　将搜索视线放到综合排名榜的量比榜，搜索量比放大超过1倍以上的股票，越大越要引起关注。这说明庄家投入的资金越多向上做盘的欲望越强。然后将第一道程序筛选出的X股、Y股、Z股拿来进行排名对比，确认它们是否也同时在量比排名之中。

　　如果没有则立即剔除，这说明庄家不是用实力而是用技巧在做盘；如果X股、Z股也同时出现在量比排名龙虎榜中则作第二次确定。

第三道专业搜索程序：

　　打开X股、Z股的日K线图表，看该目标股票的3日均线是否是正在带量上扬、前期是否有一组K线止跌、今日该股是否是最近时期的第一次放量。如果是，立即作最后的确认。

最后确定
　　如果只有X股满足前面三道程序，则立即打开该X股的周K线

96

技术系统图表。

如果该X股在周K线技术图表中的KDJ指标刚刚低位金叉或正在强势区向上运动，则可以确定该目标股票已经具备短线展开攻击的条件，获利机会已经到来。它就有可能是一只短线黑马。

如果出现误判，则该股的3日均线一旦走平失去短线向上攻击的能力时，我们就必须按计划展开预先厘定的实战保护措施，丝毫不能抱有一丝一毫的侥幸和幻想。能否做到这一点是判断是否是专业选手的关键，切记！

这种方法就是专业选手秘不示人的通过涨幅、量比等盘面线索，以图表最后确定目标股票是否是黑马的快速交叉选股法。当然还有比这更快、更好、更科学的选股方法，那就是作者研究的《征战英雄》交易软件之系列选股系统。

4.候补备选目标股票的准备

在大盘低迷或因各种情况自己没有买到已经首选出来的目标股票以及在自己已经满仓等情况下，专业投资者必须为自己后续的实战操作作好再次出击的准备，所谓"有备无患"讲的就是这个意思。

但是在实际投资中有许多投资者总是除了关心自己所持有的股票外再也很少关心其他走势健康、未来获利潜力巨大的未选股票。这样就使自己在需要的时候准备不充分，有可能就随意甚至盲目地买进一只股票，为自己后续的临盘实战操作埋下祸根。

天道酬勤、一分耕耘一分收获、平时多流汗战时少流血说的都是这个道理。

我们要牢牢记住，真正的专业投资者必须要有比常人多几倍，甚至几十倍的辛勤付出的思想准备和实际行动，最终才能使自己成为优秀的专业投资者。否则要想取得实战投资的巨大成功就绝对无从谈起，而平时多辛勤、仔细地看盘、复盘和解盘以发现市场机会、选好目标"黑马"股票以及发现和回避风险就是最重要的基本付出。

因此，专业投资者在市场具备操作条件的前提下，在任何时候都能够正确地回答：如果第一只股票因各种可能的原因而我没有买到，那么下一只我该买什么？甚至再下一只应该买什么？而绝对不能茫然不知，临时去抱佛脚。

请牢牢记住，专业投资者永远打有准备的必胜之仗！

四、专业化短线实战操作技巧

1.分时与即时技术体系

即时图表与分时技术图表的区别：

原始性与客观性：即时图表只对市场的交易数据做忠实的记录和客观的比较；而分时图表却包含着对以上数据的运算和推导。它是技术分析系统：图表系统和指标系统的短周期化。其中指标系统部分的取材角度和推导方式的客观真理性必须遭到怀疑。

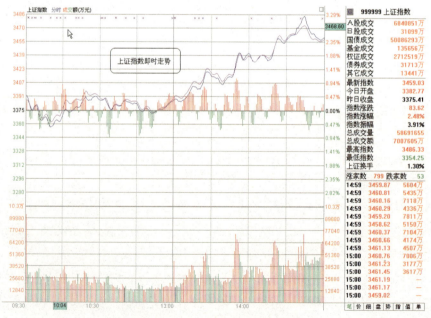

【图2-36　即时技术图形

专业化短线操作的
基本方法

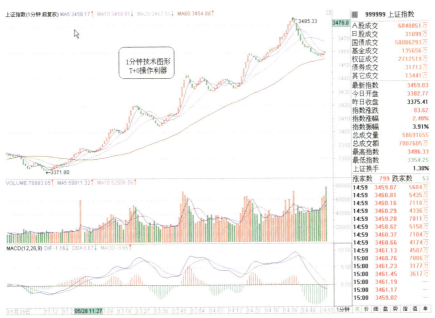

【图2-37　1分钟技术图形】

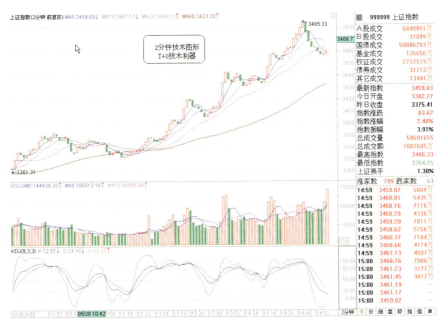

【图2-38　2分钟技术图形】

【图2-39 5分钟技术图形】

【图2-40 10分钟技术图形】

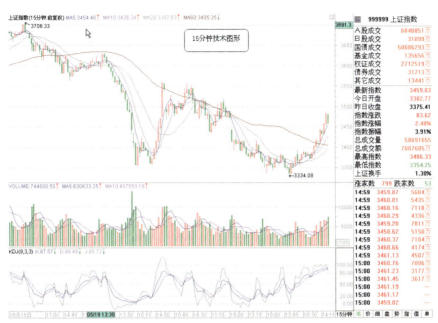

【图2-41　15分钟技术图形】

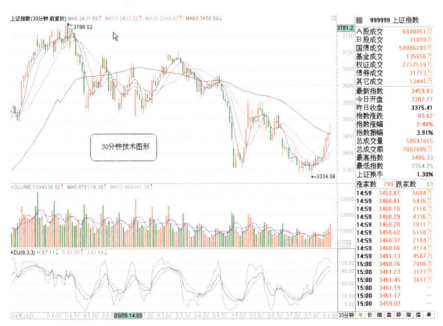

【图2-42　30分钟技术图形】

【图2-43　60分钟技术图形】

请注意即时与分时技术图形的区别：

经验性与分析性：即时图表到目前为止还没有一套完整的理论能对它进行彻底正确的研判。

它是股市中不确定性最大的一个部分，也是否定技术派分析人士证明股市不可预测的最大证据。有句话说，"能看懂股市三天走势就富可敌国"讲的就是这个意思。

看懂即时波动图形凭借的是丰富的临盘实战经验，而非按某种现成理论的教条，因而到目前为止它是一门艺术而非一门精确的科学。

总之，它是不具备深刻理论基础的经验性的内容。

相反，分时图表系统已经形成了一套完整成熟的理论体系，运用它可以对股市进行全面或某种统计意义上的精确分析。它企图包含客观科学性的成分。

国外在这方面的研究已经迈出了领先的一步，在临盘实战中，已经出现了目前最为高深的智能交易机器人，这是一种威力巨大的现役秘密技术系统。

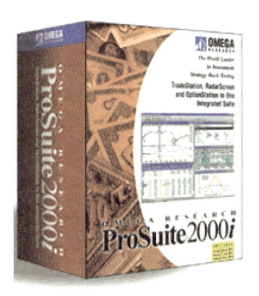

【图2-44　先进的交易软件】

"Announcing the first
direct-access trading
platform that tests
and automates your
trading strategies."

INTRODUCING

The TradeStation Platform

【图2-45　交易大师的运行画面】

英雄就是你自己

　　企图将股市投资的经验性和科学性作完美的融合是古往今来极少部分伟大的职业实战投资家终生孜孜以求的宏伟目标。

　　作为顶尖专业投资者一定要正确地区分这两者的根本不同。这是目前所有股评和投资书籍都混淆了的概念。

　　下面的内容，我们力图将最不确定的即时波动走势从科学的角度进行艰难的描述，也希望有志于此的读者共同努力来进行这一伟大而艰难的探索和研究工作。

　　分时技术系统：一图表系统、二指标系统。

　　技术系统包含两大部分：图表系统；指标系统。而这两者是有着本质上的不同。

　　图表系统处于技术图表系统画面的上方。

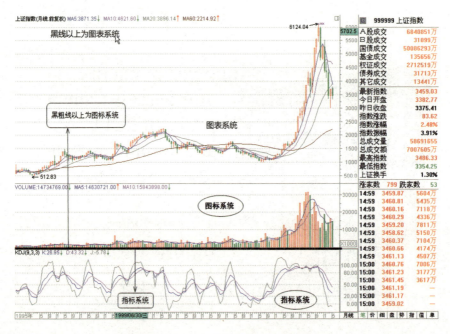

【图2-44　技术图表系统】

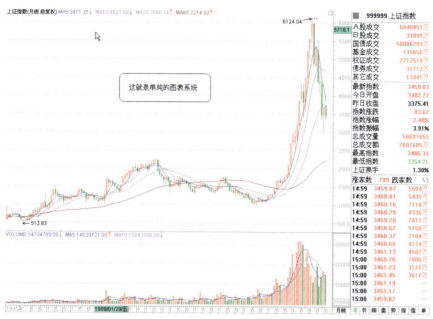

【图2－45　单纯的图表系统】

　　它包含三个要素：价格，记录为K线；成交量：记录为K线图下方的成交量柱状图；时间：则体现为两个方面即均线系统和时间之窗。

　　这些市场要素，图表系统均作了原始的记录和客观的运算。它是专业投资家第一位的分析研判和操作依据。

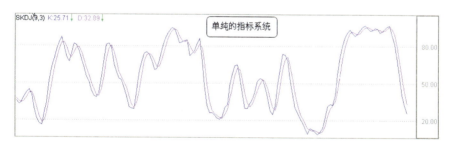

【图2－46　单纯的指标系统】

105

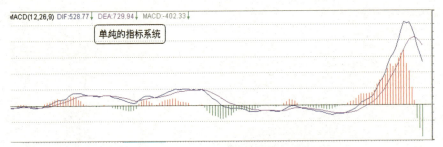

【图2－46B　单纯的指标系统】

　　指标系统处于图表系统成交量图形的下方。其种类繁多作用不一，但它们的共同特征都是：只对市场三大要素的其中之一进行片面的推导式反映。其客观真理性及实战有效性存在理论上的缺陷，而这一缺陷绝对不是靠修改、优化参数能够解决的。

　　技术指标系统在职业投资家的实战操作中只起有限的辅助作用，最多达到使他的临盘进出能够有一个不随意变动的主观标准而已。

　　切记，指标系统的地位和作用是有限的。如果始终沉溺于此，你终将不能超越技术分析的低级境界去达到走向投资成功的辉煌颠峰。

2.临盘实战买卖挂单技巧

　　《铁血短线》VCD光盘中已经讲解，在这里，我们只做简单说明，不做详细展开。

卖⑤	9.08	291
卖④	9.07	36
卖③	9.06	10
卖②	9.05	773
卖①	9.04	141
买①	9.03	1019
买②	9.02	257
买③	9.01	4
买④	9.00	2339
买⑤	8.99	6
现价	9.03 今开	8.12

【图2－47　买盘高于大单和整数关口】

卖⑤	10.73	84
卖④	10.72	326
卖③	10.71	70
卖②	10.70	2884
卖①	10.69	559
买①	10.68	100
买②	10.67	147
买③	10.66	712
买④	10.65	527
买⑤	10.64	160
现价	10.68 今开	9.88

【图2－48　卖单低于大单和整数关口】

英雄就是你自己

卖⑤	36.78	60
卖④	36.77	62
卖③	36.76	37
卖②	36.75	373
卖①	36.74	1950
买①	36.73	147
买②	36.72	140
买③	36.71	109
买④	36.70	330
买⑤	36.69	11
现价	36.74　今开	33.85

【图2-49　卖单低于大单和整数关口】

3.技术走势定型的耐心等待

在这里，我们只做简单说明、不做详细展开。

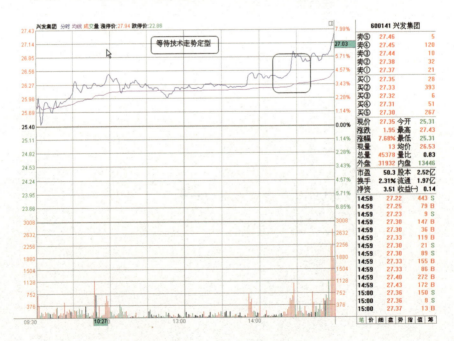

【图2-50　技术走势定型】

战胜自己是英雄

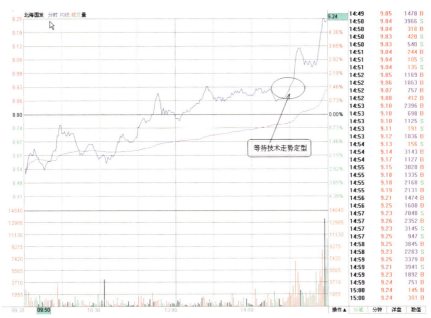

【图2-51 技术走势定型】

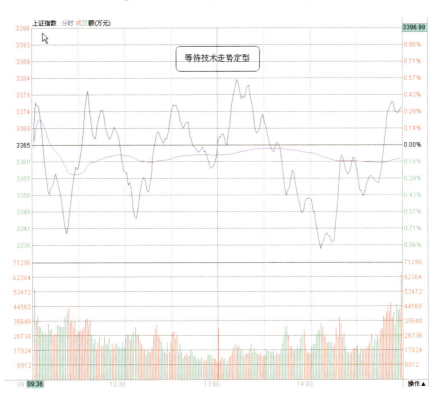

【图2-52 技术走势定型】

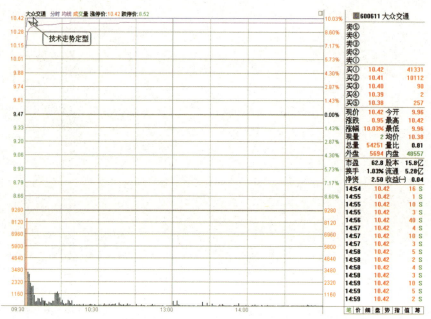

【图2-53 技术走势定型】

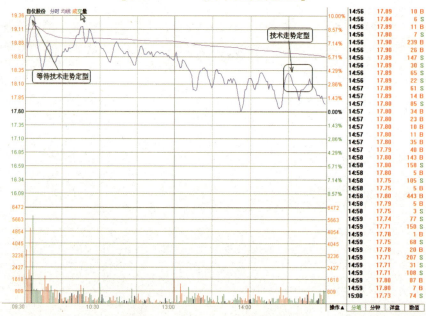

【图2-54 技术走势定型】

本章最后的告戒

大盘平稳是短线操作的首要前提。也就是说今天想要买进股票则首先要估计明天甚至后天大盘是否能够继续上涨，就是不能大涨，最差也要保证大盘明日不能大跌。

只有这样才有一个比较好的个股操作背景，否则就算有再好的股票也最好不要买入，实在想买也必须严格控制仓位，所谓个股不敌大势。临盘实战中我们一定要学会绝对的空仓，要明白现金为王的道理。

短线要买进的目标股票最好是热点，这标志着集团大资金在运作。有了这一点就能确保我们买进的目标股票至少能够持续走强几天以便保证我们短线进出的获利空间足够和资金进出的充分安全。对于游击散庄股要买进时参考的条件一定要更加严格，只有这样才能确保我们的操作万无一失，真正做到一出手就赢。

选中欲买进的目标股票最好是首次放量且其他图表条件都很完美，否则宁肯放弃，绝对不能勉强操作，赚钱的机会有的是，一定要强调操作质量而不是操作数量。必须牢牢记住：短线操作绝对不是频繁操作，更不是随意操作。

短线临盘买卖的操作速度非常重要，只要我们的目标股票符合买、卖条件就一定要果断出击，尤其是在卖出时。具体的临盘实战中，持仓目标股票一旦发出卖出信号就必须果断坚决出局，临盘绝对不允许犹豫不决，甚至非专业非理性幻想卖出信号会改变而拖拖拉拉贻误战机，错失理想卖出点位。有的人甚至更加错误地随意将短线操作改变为中线持仓参与，风险莫测的调整从而失去后续其他重大赢利机会。这一毛病是许多投资者的致命硬伤，也是区分专业选手和业余选手的重要标准之一。希望我们的专业投资者不要犯这样的低级错误，严格训练自己成为专业选手。

每次短线买卖操作你都必须严格坚守如上操作铁血纪律，它是保证你在风云诡谲的股海中生存的不二法门。经过一定时间的训练

111

后在临盘实战中你就能够条件反射般像机器人一样以最快的操作速度去执行如上铁律，则顶尖高手的大境界很快你就能够轻松达到，在股市中轻松赚钱就绝对不是空话了。

战胜自己是英雄

第三章

经典短线操作机会的认定

TIEXUE DUANXIAN

ZHITIE ZHANFA ZHIMING DE ZUJI ZHANSHU

感情无对错只有真假

一、经典短线操作机会的认定：
获利度、风险度

1.黑马线索及捕捉依据

<u>套马线索之黑马窗口</u>：61、63；81、83排行榜。

能够同时出现在81、83沪深两市市场要素综合排行榜（龙虎榜）的涨幅前几名、量比或成交金额排行前几名的股票，我们可以100%地肯定目前有庄家正在运作。该目标股票是否是黑马我们用如下方法进行临盘把握。

在此，我们必须要特别地强调，61、63；81、83仅仅是发现黑马的线索，而不是作为黑马的依据。绝对不能说凡是用61、63；81、83发现的目标都是黑马。对于这一点，请投资者一定注意正确地进行理解和运用。用这种方法快速发现目标股票后，其是否是真正的黑马还必须附加许多实战判定条件进行严格的判别。

综合排名 - 上证A股					3行3列	1行4列		
今日涨幅排名			**5分钟涨速排名**			**今日委比前排名**		
大连控股	6.58	10.03	悦达投资	5.78	2.66	科达股份	13.34	100.00
新黄浦	13.60	10.03	*ST宜纸	7.74	1.98	北矿磁材	8.62	100.00
大众交通	10.42	10.03	国投新集	13.44	1.90	上海机电	20.92	100.00
江苏舜天	7.79	10.03	友好集团	6.89	1.62	*ST成商	25.74	100.00
中大股份	16.57	10.03	兴发集团	27.35	1.60	厦门国贸	19.79	100.00
伊力特	10.10	10.02	*ST昌河	5.35	1.52	大连控股	6.58	100.00
今日跌幅排名			**5分钟跌速排名**			**今日委比后排名**		
岷江水电	7.61	-10.05	南京中商	18.47	-1.02	岷江水电	7.61	-100.00
三联商社	12.32	-9.61	金山开发	12.53	-0.87	ST兴 业	7.21	-95.73
长丰汽车	10.46	-9.44	ST黑豹	5.92	-0.84	中国石油	17.63	-90.64
凯诺科技	9.12	-5.39	永鼎股份	7.39	-0.81	赛马实业	14.72	-89.12
综艺股份	21.05	-3.40	中创信测	16.56	-0.78	通化东宝	16.61	-88.57
ST国药	6.11	-3.17	杭萧钢构	10.44	-0.76	天药股份	8.97	-87.43
今日振幅排名			**今日量比排名**			**今日总金额排名**		
荣华实业	9.29	19.30	ST国药	6.11	438.30	中信证券	34.31	39.81亿
长丰汽车	10.46	16.71	长丰汽车	10.46	5.65	浦发银行	28.56	10.71亿
海通证券	24.28	14.72	大橡塑	10.12	5.55	中国平安	55.80	10.41亿
国金证券	46.34	13.62	荣华实业	9.29	4.97	中国石化	12.79	9.94亿
香梨股份	11.75	13.30	内蒙华电	5.82	4.26	招商银行	30.52	9.89亿
福耀玻璃	10.68	12.63	丰华股份	13.43	3.90	中国远洋	26.85	9.21亿

【图3-1 黑马窗口之81】

综合排名 - 深证A股			●3行3列 ○1行4列		
今日涨幅排名		**5分钟涨速排名**		**今日委比前排名**	
N 九 阳	46.01 104.13	拓邦电子	22.00 1.80	江特电机	19.29 100.00
N 通 产	11.40 46.53	大连国际	8.36 1.70	莱茵生物	16.90 100.00
武汉塑料	7.55 10.06	德美化工	18.49 1.48	中环股份	14.54 100.00
西北化工	6.24 10.05	天威视讯	18.00 1.47	中捷股份	9.12 100.00
万向钱潮	8.88 10.04	深 鸿 基	5.56 1.46	欣龙控股	10.47 100.00
莱茵生物	16.90 10.03	莱宝高科	21.36 1.38	*ST 阿继	8.87 100.00
今日跌幅排名		**5分钟跌速排名**		**今日委比后排名**	
中钢天源	10.78 -5.27	承德露露	23.60 -1.21	ST 东源	7.81 -100.00
ST 东源	7.81 -4.99	荣信股份	35.80 -1.10	鑫富药业	21.60 -94.35
S ST华塑	7.03 -4.48	西山煤电	53.73 -1.05	西山煤电	53.73 -93.20
S*ST兰光	11.88 -4.42	英 力 特	27.66 -1.00	生 意 宝	53.90 -87.58
同洲电子	11.82 -4.21	海鸥卫浴	9.81 -0.71	飞 亚达A	11.25 -87.35
*ST 双马	10.79 -4.17	模塑科技	5.81 -0.68	特 尔 佳	11.06 -82.75
今日振幅排名		**今日量比排名**		**今日总金额排名**	
N 九 阳	46.01 15.31	天宝股份	28.41 7.86	N 九 阳	46.01 20.01亿
欣龙控股	10.47 14.08	中国海诚	22.86 4.84	万 科A	20.11 13.15亿
隆平高科	36.74 13.94	创元科技	8.92 4.64	隆平高科	36.74 9.37亿
登海种业	25.27 13.80	武汉塑料	7.55 3.91	中兴通讯	69.57 6.50亿
长江证券	24.36 13.13	万向钱潮	8.88 3.81	太钢不锈	16.15 5.61亿
美的电器	18.29 12.92	现代投资	23.86 3.74	山东海化	13.25 4.80亿

【图3-2　黑马窗口之83】

2.常规短线实战出击技法

该目标股票3日均线带量上扬就具备了常规的短线参与价值。具体限定条件如下（这是操作成败的关键！）：

目标股票3日均线朝上；

盘中量比放大到1倍以上；

目前股价运行在日线、周线循环低位；

当日成交量大于5日均量1.5倍以上。

临盘实战可于放量当日买进1/3仓位。

次日若股价冲高回落即可获利出局也可在回落到60分钟技术系统满足买进条件时等量补仓。

该方法为常规捕捉黑马方法，实战成功率为72%。

若将目标股票的涨幅要求提高5%以上，则成功率为75%。

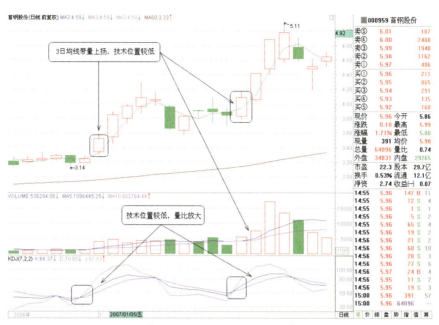

【图3-3 常规战法】

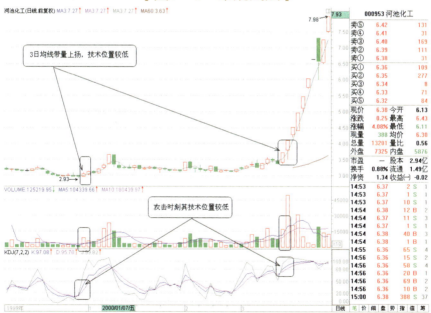

【图3-4 常规战法】

117

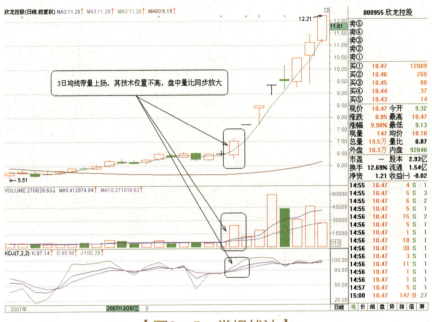

【图3-5　常规战法】

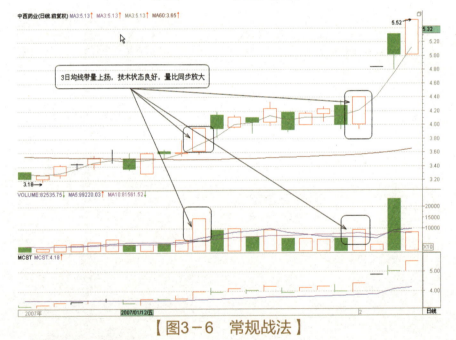

【图3-6　常规战法】

跳空高开带量：

该目标股票当日跳空高开且3日均线带量上扬就具备了临盘实战的短线参与价值。具体限定条件如下（这是操作成败的关

118

键！）：

跳空该开幅度大于2%；

目标股票3日均线朝上；

盘中量比放大到3倍以上；

目前股价运行在日线、周线循环低位；

当日成交量大于5日均量1.5倍以上。

临盘实战可于放量当日买进1/2仓位。

次日若股价冲高回落即可获利出局也可在回落到60分钟技术系统满足买进条件时等量补仓。

【图3-7 跳空高开】

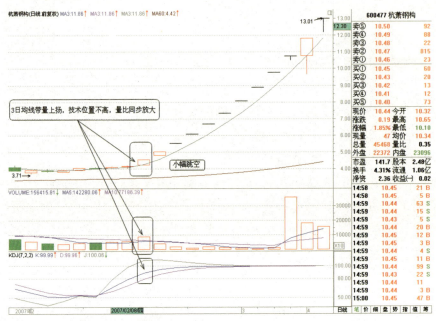

【图3-8 跳空高开】

3.特别短线技法：单针红包、低开长阳

低开巨量或盘中突然出现极低价这种量价异动是发现黑马的又一重要看盘线索。具体捕捉必须配合如下条件：

低开幅度大于2%以上；

成交量要求巨大，实时量比必须大于2；

股价必须处于周线的上升通道中运行；

如果日K线也处于上升通道则为最佳选择；

对红包情况只要求量有温和放大即可；

对于低开长阳必须要求成交量有巨幅放大；

买进方法可于发现后马上跟进，也可比红包价略高挂单。

该两种方法为捕捉异动黑马的特别战法，成功率为80%。

【图3-9　低开长阳】

【图3-10　低开长阳】

【图3－11　低开长阳】

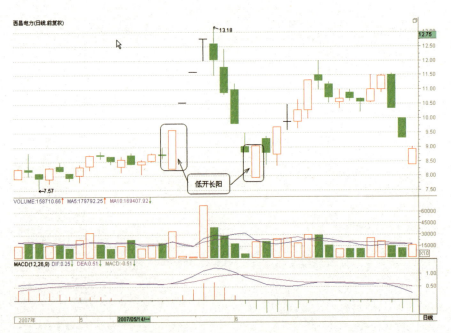

【图3－12　低开长阳】

【图3-13 单针探底】

【图3-14 单针探底】

【图3－15　单针探底】

4.股价攻防能力的技术判定：价格、成交量要素

对于目标股票的攻击能力和持续时间，我们可以通过其市场要素中价格的变化方向、变化幅度、变化位置，以及市场的成交量要素配合的情况等，进行综合地分析以便得出正确的实战操作结论。

有条件的投资者，还应该分析目标股票的<u>行情数据</u>部分，而且对于其<u>交易数据</u>更要加大分析研判的力度。因为这部分的内容我们在其他的地方已经讲解，这里就不再展开了。

提起这个话题的主要目的是强调投资者对目标股票的市场要素的本质情况必须进行透彻分析、研判，同时在有条件的情况下加大对<u>交易数据</u>的分析力度，交易数据代表着市场中买卖双方的本质关系，<u>而行情数据仅仅是对目标股票买卖情况的简单记录</u>。

二、经典短线绝杀举要

1.超级短线杀着：阻击首次涨停

能够涨停的股票首先表现出的信息是庄家凶悍。尤其是能够在大盘背景疲软的情况下。这往往是短线出击获利的最佳机会，捕捉时必须注意配合如下条件：

谁最先涨停就瞄准谁；

成交量为近期首次放大；

股价运动处于日线和周线循环位置的低位；

股价封停前成交量巨大、封停后成交量萎缩。

临盘实战操作时要敢于在涨停板处果断排队，盘中若开停就是短线获利机会。

该种方法为捕捉大黑马之最，实战成功率为75%。

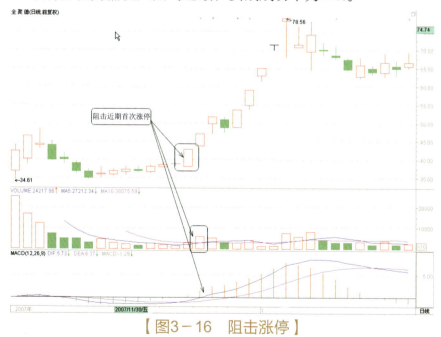

【图3-16　阻击涨停】

【图3-17　阻击涨停】

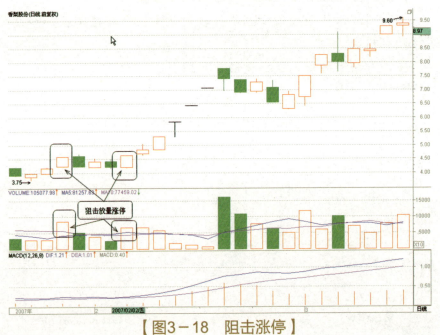

【图3-18　阻击涨停】

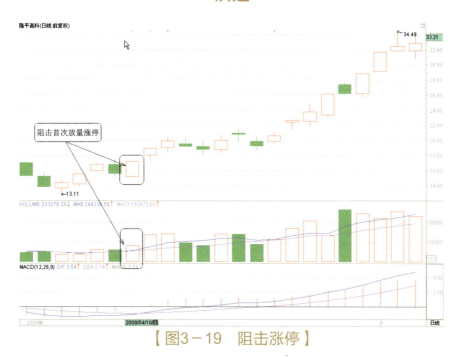

隆平高科(日线 前复权)

阻击首次放量涨停

【图3－19　阻击涨停】

2.特别技巧牛市抓涨停：强者恒强，王者风范

临盘实战操作展开的技术前提：

大盘大角度攻击，上涨气势成为市场各方力量之共识，市场参与意愿极强。

市场主流热点明确，集团大资金已经坚决参与。

热点领头羊股票凸显王者风采。

人气鼎沸，众志成城。

临盘实战操作要领：

义无反顾，实战中只操作领头羊股票，即热点里面的焦点。除此之外绝对没有另外选择的余地。此时，在盘面上同板块股票群体之中，谁先封涨停，临盘实战时，我们就坚决买进谁。涨停表现出的是庄家坚决做盘的最高气势、毫不手软的做盘决心和拥有巨资的非凡实力。

127

同时，相同板块股票的日、周、月图形均显示出主力准备充分、蓄势待发的完美态势。同板块中各个股票的技术图形都显示出展翅欲飞的逼人气势。

操盘主力异常凶悍，往往多采用盘中振荡洗盘或单日K线洗盘的方式，其攻击气势毫不拖泥带水。

同板块中谁率先发动，向上攻击最凶就是谁。

买进了这样的领头羊股票在出局时绝对不要害怕被深套，这样的庄家往往都采用大幅振荡的方式出货，提供给我们的离场高点会不止一次出现。

操作结果：涨停板会不断出现，笑脸长久伴随着你。

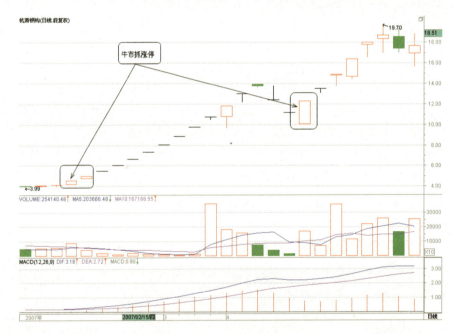

【图3-20　牛市抓涨停】

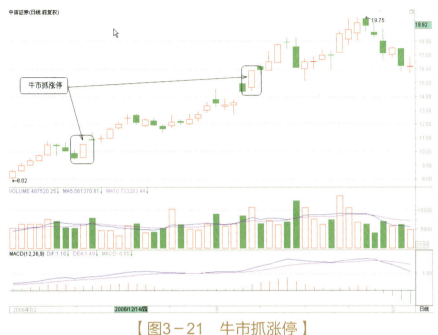

【图3-21　牛市抓涨停】

<u>临盘实战操作特别注意</u>：不涨停不买。

本临盘操作实战技巧要求的专业技术含义是只有涨停出现庄家的做盘意图才真正表现为无可更改，同时行情延续的条件才成立，诱多骗线的技术陷阱就容易躲避。

临盘实战操作中我们追涨停买高价换取的是为了进场以后的安全而不是为了其他。实战操作中经常会有许多业余水平的人为贪便宜，在涨停还没有封住的时候就贪几分钱的便宜随意买进致使买进当日就被活活套牢，中了庄家精彩的拉高诱多的奸计而非常可惜。

更加具体的内容可参看只铁战法之《临盘实战特别战法》相关内容部分和《铁血短线》VCD教学光盘的有关内容。这里我们就不再展开和举例了。

3.放量洗盘的辨别

放量洗盘是一种非常难以准确识别的股价运动形态。因为，实战中庄家的操盘意图处于两可状态。即如果有人大规模接盘，庄家就会顺势出局；相反，如果盘中没有出现大规模的接盘庄家也达到高位换血滚动操作的目的。

可以毫不夸张地说，目前国内就我们较好地掌握了这一方法。也就是说利用图表的位置和指标的态势相互结合可以准确地辨别放量的性质是洗盘还是出货。

如果股价在低位、中位、技术指标攻击态势强劲位置又不高，则必是庄家放量洗盘无疑，临盘实战可以大胆买进，反之临盘实战买进操作时宜小心。

更加详尽的内容参见《铁血短线》VCD光盘。

【图3-22 带量洗盘】

【图3-23 带量洗盘】

4.专业短线操作极限技法：只做涨幅第一，只做焦点

该目标股票当日名列涨幅排行榜第一，且攻击中带量就为专业短线高手提供了极限参与价值。具体临盘实战操作限定条件如下：

目标股票涨幅名列第一；

目标股票3日均线朝上；

盘中量比放大到1倍以上；

目前股价运行在日线、周线循环低位；

当日成交量大于5日均量1.5倍以上。

临盘实战可于放量当日买进1/3仓位。

次日若股价冲高回落即可获利出局也可在回落到60分钟技术系统满足买进条件时等量补仓。

131

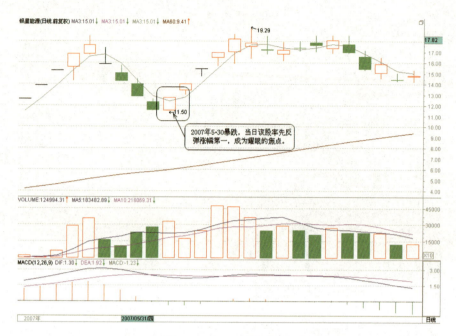

2007年5·30暴跌，当日该股率先反
弹涨幅第一，成为耀眼的焦点。

【图3-24　只做焦点】

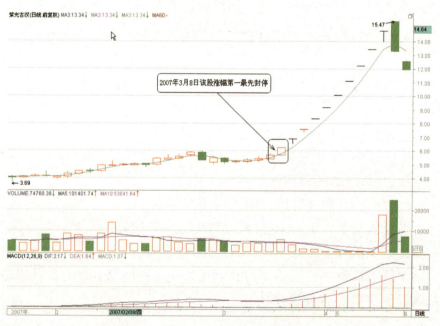

2007年3月8日该股涨幅第一最先封停

【图3-25　只做焦点，只做第一】

5.放量类型辨别：补仓性放量、攻击性放量

目标股票的突然大幅放量行为是股票量价异动之中最为重要的一种，也是一只股票要发动攻击性上涨的明显前兆。这种经典技术现象对于专业短线选手的临盘实战操作获取投资利润具有重要的技术意义。

但是，在临盘实战中，有的股票第一天放量后，第二天又突然缩量下跌了。这种状况的频繁发生，使放量攻击这种股价异动特征在实战中利用起来极为困难。

这就是一只股票攻击性放量和补仓性放量的差异。在临盘实战中，如何区别庄家攻击性放量和补仓性放量，对于短线操作水平的提高有着极为重要的指导作用。

【图3－26 攻击性放量】

133

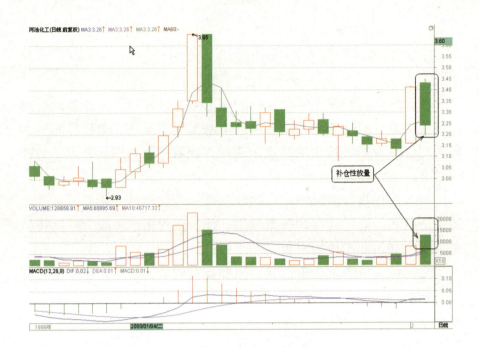

【图3-27 补仓性放量】

在这里由于篇幅的限制，我们只能引出这些话题供有心且有志的投资者思考。

真正想成为优秀的专业型实战投资选手的朋友对诸如"真假突破、放量洗盘、攻击性补仓性放量"等这类重要的实战问题必须要有一个透彻的把握。因其具体内容较为艰深，有兴趣的读者可看只铁战法的相关书籍和《铁血短线》VCD教学光盘。

当然，我们在具体的临盘实战中读者也可以按照《短线英雄》一书介绍的相关短线操作方法进行实战处置。只要对量价关系细心把握，你的临盘实战操作技艺就一定会有不断的长进。有志者事竟成！

134

第四章
短线操作中技术骗线与技术陷阱的识别

TIEXUE DUANXIAN

ZHITIE ZHANFA ZHIMING DE ZUJI ZHANSHU

幸福的岁月是失去的岁月

一、技术骗线的意义：技术现象与技术本质

1.精彩技术骗局解析

盘口真假：即时波动骗线；指标骗线；形态陷阱。

盘口真假：由于交易过程中买卖双方的角色具有一定程度的不确定性。这就为庄家盘口欺骗提供了理论基础和技术可能。具体地说就是任何人只要愿意，自己可以买进自己抛出的筹码，自己也可以抛出自己想买进的筹码。这就是所谓的对敲交易。

由此，就从根本上动摇了买卖盘口这种行情信息的真实性，使真假买卖盘混淆在了一起，投资者难以在临盘实战中轻易辨别出其实际买进、卖出数量的真假。

【图4－1a　盘口真假】

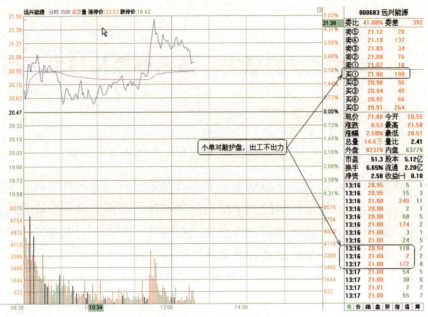

【图4－1b　盘口真假】

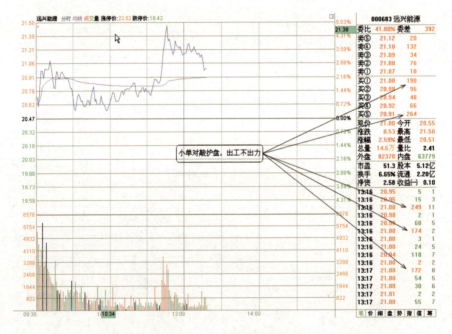

【图4－1c　盘口真假】

【图4－1d　盘口真假】

【图4－1e　盘口真假】

【图4-1f　盘口真假】

【图4-1g　盘口真假】

【图4-1h 盘口真假】

如果要使委比变为正值：

只需要买盘大于卖盘就行，那很容易：挂出极低，根本不可能成交买价，因电脑不能识别将它全部计算入买盘，则委比自然变大；相反同样的方法也可为，从而将委比变成负值。

【图4-2 盘口真假】

141

【图4-3a　盘口真假】

【图4-3b　盘口真假】

【图4-3c　盘口真假】

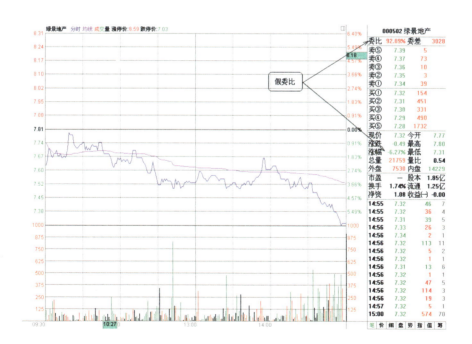

【图4-3d　盘口真假】

如果内外盘骗线如此这般操作就行：

将外盘变大使跟风盘认为买盘强劲汹涌，自己则在卖盘1处挂出10万股巨大卖单，然后自己用该卖单价或高于该卖单价将它打掉，则下面马上显示外盘成交10万股行情数据标记。这种方法能够很好地掩护庄家出货。

这就是我们在临盘实战中看到的虽然外盘大于内盘而股价却在下跌的真正原因。而广大散户及部分中小机构却始终也搞不明白为什么买盘大股价反而下跌的原因。

将内盘变大使跟风盘自认为抛盘强劲、凶猛庄家自己则在买盘处分批埋下隐蔽性买单，具体数量只有庄家自己才知道。庄家则伺机在上档别人挂出的买盘十分稀少时全力用市价委托抛出巨大卖单10万股，将股价狠狠打压下去。而该笔抛单全部被庄家自己埋下的隐蔽性买盘接走，此时在下面盘口将立即显示内盘成交10万股，很好地达到似乎抛盘十分巨大的欺骗效果。

这种手法能够很好地掩护庄家打压股价偷偷建仓。这就是内盘大于外盘股价却反而在上涨的真相。

同样，这也是跟风盘始终也搞不明白的事情。总之除量比和均价线外，庄家对所有的盘口数据均能做假，这务必要引起我们专业投资者的高度重视，学会设身处地站在庄家的立场和角度进行细致的辨别。

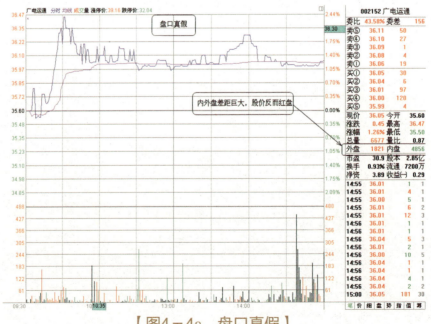

【图4-4a　盘口真假】

【图4-4b　盘口真假】

【图4-5　盘口真假】

英雄就是你自己

【图4－6a　盘口真假】

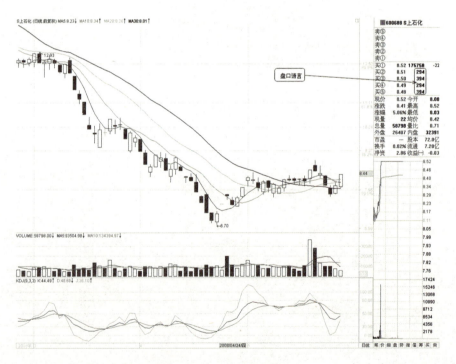

【图4－6b　盘口真假】

【图4－6c　盘口真假】

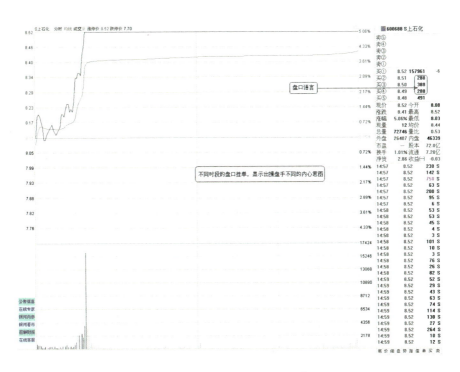

【图4－6d　盘口真假】

英雄就是你自己

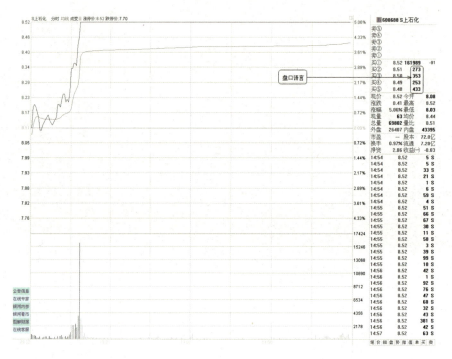

【图4-6e　盘口真假】

2.准确识别即时波动骗线

理论突破：

由于人类灵魂深处存在着对<u>不确定性问题的根本恐惧</u>这种弱点，因而庄家能够利用即时波动走势复杂多变的不确定性来迷惑广大投资者。但是只要我们对《战无不胜》所描述的股价运动循环阶段的位置有彻底而深刻的理解，就能够轻松识破所有的骗局，不为盘中股价即时波动的涨跌不定所迷惑，从而动摇自己的操作立场。

【图4-7　即时图表骗线】

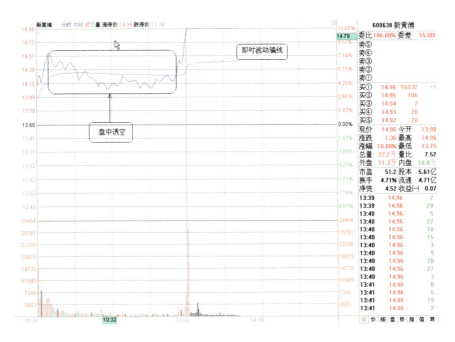

【图4-8　即时图表骗线】

【图4－9a　即时图表骗线】

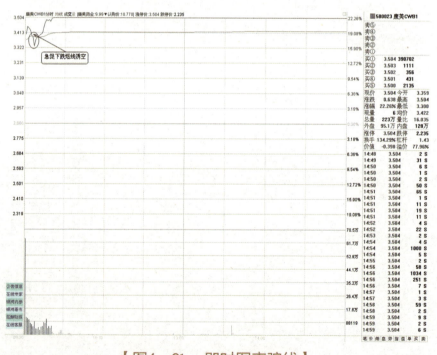

【图4－9b　即时图表骗线】

请注意体会我们在下面的具体阐述。

只要目标股票的股价此时正处于股价运动循环的第一阶段盘底的末期或第二阶段上涨的初中期，则所有的即时盘中振荡运动最终都将演化为向上攻击。那么盘中一时的不确定上下振荡又算得了什么呢？

只要目标股票的股价此时正处于股价运动循环的第三阶段盘头阶段或第四阶段下跌阶段，则所有的即时盘中上下振荡运动最终都将演化为向下的攻击，那么即时的盘中高低振荡产生的蝇头小利又怎能迷惑的了你呢？

3.K线组合振荡骗线的识别

连续的即时振荡骗线将演化为K线组合的振荡骗线。庄家往往在即时盘中振荡达不到目的，完成不了洗盘振仓任务时使用。其识别方法同上，其股价的不确定振荡行为没有任何可怕和神秘可言。散户总是自己吓唬自己。

【图4－10　K线组合骗线】

英雄就是你自己

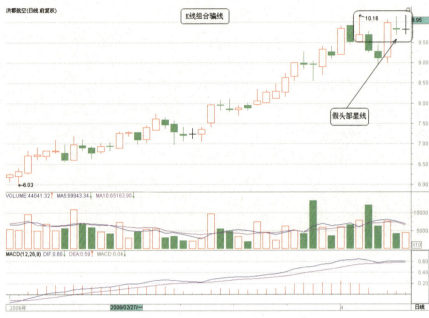

【图4-11　K线组合骗线】

二、技术指标骗线剖析

1.技术指标的三大不可克服的理论缺陷

市场有三大根本要素①价格②成交量③时间：时间窗口和均线系统。

而任何一个技术指标：

（1）能反映其中的一个要素。如RSI只能反映市场三大要素中的一个要素：价格要素。因此其取材的角度是片面的，它根本无法全面地反映市场的全部情况。

【图4－12a　RSI技术指标】

【图4－12b　RSI技术指标】

（2）技术指标的运算公式是否具有真理性未得到证明，如RSI，它是一个经验性公式，其本身是否正确都是未知数。

（3）我们在研究任何问题的时候，都应该掌握第一手原始的材料，而技术指标如RSI却将三要素中的其中一个要素：价格要素代入它的未经证明对错的公式进行推导、运算，最后得出一个非原始的推导性结论。目前任何一个技术指标概莫能外，均具有以上缺陷。

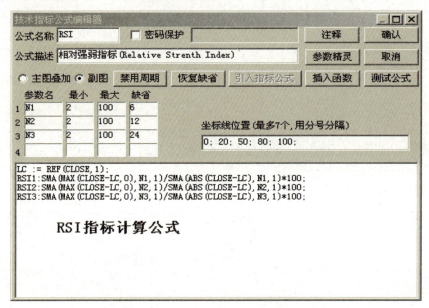

【图4-13　RSI技术指标】

2.技术指标的优化陷阱

以上三大问题是目前任何一个技术指标均不能克服的致命理论缺陷。这也就是技术指标产生钝化，技术指标产生失效，技术指标产生盲区的根本原因。目前没有任何一本书籍对此进行了彻底的论述。

技术指标的致命理论缺陷绝对不是靠修改、优化一个或几个参数就能够解决的。仅仅靠修改、优化参数就认为自己解决了技术指标的理论缺陷，产生这样的认识，是未运作过大资金的投资者的幼稚实战技术和理论研究误区。它将彻底阻止你进入真正的职业操盘手的大门，并让你始终在股票投资的幼儿园里生活一辈子。

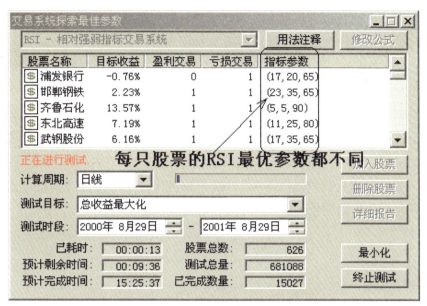

【图4－14　个性化参数优化】

其实股票市场的运动规律就掩藏在图表系统和盘口数据这些最原始的材料中，而绝对不存在于别人已经推导出的技术指标的片面结论里。我们对此一定要有绝对清醒的认识，否则你就绝对无法超越自己，超越前人去达到获取投资巨大成功的卓越境界！

3.技术指标骗线简说

由于技术指标存在三大不可克服的致命理论缺陷，因而它在职业操盘手的武器库里只能占据极其次要的辅助研判地位，甚至于也可以根本不看它。同时短线技术指标也极易做骗线，被庄家用来作屠杀对技术分析一知半解却自以为聪明的投资者的工具。

〖举例说明KDJ指标如何做骗线〗

注：H代表最高价，L代表最低价，n代表具体日期

$\%K=100\times(L-Ln)/(Hn-Ln)$ 分子变小或分母变大均能使K值变小，使该指标的升高速度变慢；相反的结论也同样成立。

有时候，我们在即时波动图表中经常看到股价莫名其妙的突然被大

155

幅拉高或大幅打低，这就是庄家为了使K值变小或变大刻意制造最低、最高价为自己拉高股价出局或吸筹建仓作掩护。

%D＝100×（H3/L3）盘中即时波动图表中出现的最高、最低价，哪怕是瞬间出现也同样影响D值的变化。

所有技术指标同理均可以如此操纵，其真实性何在？哪怕庄家就是不搞这些花样同样也可以利用技术指标的理论缺陷在技术指标高位或低位的反复钝化中实现自己的实战操盘意图。

如0676思达高科2000年8月11日开始到2000年9月11日RSI技术指标一直在高位长期钝化而股价却反复上涨就是例子。

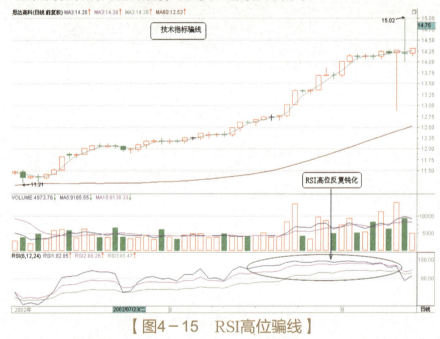

【图4－15　RSI高位骗线】

4.图表形态骗线

繁复多变的市场中，高明的庄家已经不满足于仅使用指标骗线这种低级的技术技巧来达到自己操纵股价获利的目的了。它们往往在较为高级的图表形态上做文章，通过精心制造虚实图表形态骗局来蒙蔽、诱骗投资者。

由于庄家进庄股票的目的是为了获利，因而它的市场行为必须考虑操作成本的大小。这就决定了庄家只能在操作成本较低的分时或日线形态上做文章、搞骗线。庄家不可能在成本巨大，耗时漫长的周线、月线图表上做文章搞骗线。

这是我们识别各种形态骗线的技术关键。所有日线图表形态的骗线均可以在周线图表中找到识别它破绽的答案。庄家只能欺骗一些技术现象而绝对无法违背技术本质。对庄家骗线能力的过高估计是没有坐过庄的朋友的胡思乱想。

5.日线图表形态中的假上升攻击形态骗线

某股票日线图表中所有的中短期均线系统均呈现漂亮的多头攻击性排列，而它的股价却在某日突然破位跳水，让普通投资者甚至部分股评家都叫看不懂。

如1999年4月1日，600861北京城乡在当时大盘疲弱处于下降通道中运行时，该股却能顽强保持着多头排列进行向上攻击，其股价走势引起市场极大的关注。突然，该股于4月1日在大盘并无异常涨跌的情况下，独自大幅跳水至跌停。当时所有的市场人士均大惑不解，包括著名的×××先生也认为是庄家换庄了。

【图4-16　日线图表骗线】

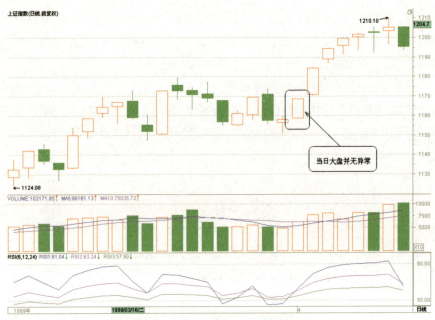

【图4-17　当时大盘对比】

　　其实，事情非常简单，当时该股的30周均线正运行于股价循环运动第四阶段的下跌中，日线形态的上攻仅仅是反弹行情而已，并非该股已经独立走出牛市行情。4月1日它的股价突然大幅跳水仅仅是因为它的股价刚好遇到向下压制的30周均线，其下跌行为没有任何值得奇怪的。

【图4-18　周线压制】

6.日线图表形态中的向上假突破形态骗线

　　一只股票在大幅上升后经过一段时间的盘整，突然冲破前期高点在股价涨幅上好像已经形成了向上攻击的有效突破，新的升浪就要展开的气势。市场对它一片看好，许多中小机构也纷纷英勇跟进，而此时，该股却辜负一切人的美好期望义无反顾地向下跳水，坚决地走向寻找底部的下跌不归之路，诱杀了所有愚蠢的跟风盘。

　　如1999年6月30日600832东方明珠向上假突破，构筑多头陷阱，演绎出迄今为止，沪深两市最为精妙的不规则双头图表形态骗线。

【图4－19　假突破形态骗线】

　　至此该股庄家在操盘最困难的进庄、出局环节上，画上了完美的句号。其实战坐庄行为取得了空前成功！像该股庄家这样的操盘水平在中国股市中没有几个机构能够做到。

　　临盘实战识别它的关键在"只铁必胜战法"之二《洞烛玄机》关于庄家出货中有彻底的论述。

　　该股假突破前的成交量组合表现的极不规则也不见大幅萎缩，这表明了当时已有筹码大量溃退出逃。庄家利用当时市场对网络股的空前热情和媒体不负责任的瞎吹，在正式出局前于600637广电股份上预演了假突破图表形态骗线，并取得了预料中的成功。

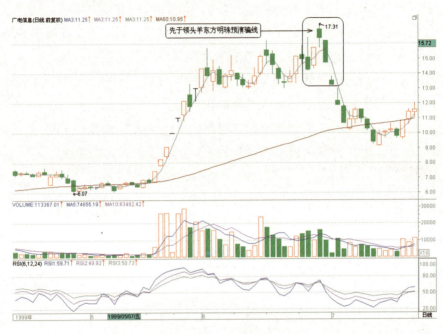

【图4－20　骗线预演】

如此大规模板块股群的图表形态骗线只有顶尖水平的庄家才能运作完成。像这样的股票，坐庄是艺术，买进是享受，获利是自然，被套是活该！

7.日线图表形态中的假破位向下突破形态骗线

一只上涨的股票，在经历了一段时间的缩量盘整后突然无量下跌，打破了所有的重要日线技术关口，形成非常难看的日线图表形态。

如600637广电股份在1999年5月18日以前日线图表处于非常难看的状态，30日均线——股价生命线被跌破好像已变成为向上攻击的巨大上档压力线。此刻辨明该图表形态的真伪就关系巨大。

【图4-21 空头陷阱】

以下两方面的内容将帮助我们解决这一问题：

①该股的周线图表的30周均线的健康状况和技术指标的高低位置。
②破位时和破位后成交量是否放大。

30周均线方向朝上、技术指标处于低位、成交量并没有放大，表明了庄家并未出局。目前的破位是日线图表形态骗线，是为新进庄家进场助庄作掩护。600637广电股份就是这种情况。庄家后续再次向上攻击就只是时间和机会的问题了，一切不用怀疑和担心。

【 图4－22　识别骗线 】

第五章
技术分析的核心与实战交易系统的建立

TIEXUE DUANXIAN

ZHITIE ZHANFA ZHIMING DE ZUJI ZHANSHU

胜兵先胜而后求战

（说明：以下一节内容全部转引自我的学生"一舟、金石"先生所著中国科学技术出版社出版的《永久生存》一书，本书引用时原文一字未改。）

一、交易系统是成熟市场运作基石

20世纪50年代以来，以美国为代表的西方发达国家中的投资管理机构获得迅猛发展。在这一过程中，投资管理业的发展与系统交易方法的开发起着相互推动作用。系统交易方法已经成为西方发达国家投资管理机构操作方法中的重要组成部分。绝大多数投资经理，都把系统交易方法作为其重要操作方式之一。

其主要原因有以下几点：

（1）投资管理资金庞大，经验或手工操作的管理方法难以进行。以美国为例，目前正式注册的共同基金已达数千家之多，加上各种信托基金、养老基金、保险基金、管理账户等，由专业投资经理管理的资金已达数万亿美元。这些庞大的资金，单靠投资经理的经验或手工操作决策方式来进行风险管理，是非常困难的。因此，系统交易方法作为计算机化的决策方式，无论是作为某一投资管理机构中的辅助性决策方式还是主导性决策方式，在绝大多数机构投资者中都占有重要的位置。

（2）风险管理难度加大，凭经验或手工操作方式难以驾驭。风险管理是现代投资理论的核心部分。投资分散化是风险管理的重要环节。在投资市场竞争加剧，投资资金日趋庞大，市场波动日趋激烈，世界金融市场的资金全球性自由流动的条件下，风险管理日益向计算机化的数学模型管理方式发展。因为需要考虑的经济变量与市场变量因素日趋增多，各变量因素间的相互关系日趋错综复杂，单靠投资经理个人的头脑和经验，已难以处理如此庞大复杂的信息流。例如，在管理巨额投资资金的情况下，对不同风险分散方案的成本效益的比较研究，也不是经验、手工操作方式能够胜任的。因此，在现代市场条件下，在机构投资者的管理操作中，无论是决策前的方案选择，决策中的资金调度，决策

165

后的监测调整，都需要计算机管理模式的强大支持。

（3）市场波动加剧，反应时间缩短。近四十年来，西方投资市场的明显特征之一是市场波动加剧。无论是证券、期货还是外汇市场，随着政府干预的逐步撤出，世界政治经济格局的不断变化，产业结构随技术革命的不断重组，各类资金市场的供求关系变动，常常出现剧烈的变动，并且带有振幅加大，周期缩短的特征。面对这种市场剧烈的震荡，现代投资经理只有比以前大大缩短反应时间，来适应市场的变化。因此，对大多数投资管理机构来说，他们都启用某种计算机化的交易系统来应对市场的剧烈变动。

（4）随着全球资本市场国际化、自由化，资金流向日趋复杂。近二、三十年来，西方投资市场的一大特征是资本市场的国际化。资金市场的国际化使资金流向日趋复杂。美国、日本、西欧等国家的主要投资资金都越来越深入地要利用海外投资渠道来提高利润的回报程度。这种错综复杂的国际资金市场的迅速流动，不但大大提高了现代投资经理的决策难度，而且，也大大提高了操作难度。他们不仅要考虑国内市场的诸多经济与市场因素，还要考虑国际市场的诸多经济与市场因素，同时还要考虑国内因素与国际因素间的种种影响与反影响的关系。在这种复杂的市场关系下，投资经理的个人经验与手工操作，使他们难以做出科学有效的决策。例如，国外一些大型的共同基金，同时持有的股票可高达上千种之多，加上其投资组合中每年要对数百上千种股票进行品种与数量上的调整，并利用期货、期权市场进行风险控制操作，同时还需要利用外汇市场进行国内外资金调度与保值操作。这一系列复杂的日常操作，根本不可能离开计算机化的操作模式——计算机交易系统。

正因为如此，交易系统是当今成熟市场中机构投资者正常运作的基石。它可以做到最大限度摆脱操作者情绪波动对交易造成的有害影响，同时它也具备独特的市场视角和超常的快速反应能力，能为操作者在瞬息万变的市场中占领先机。

二、什么是交易系统？

交易系统至少应包括以下三方面：(1)一个交易系统至少应包括两条以上的交易规则。(2)这些规则应具有相互间的有机联系。(3)这个系统能完成至少一个完整的交易周期。

交易系统是完整的交易规则体系。一套设计良好的交易系统，必须对投资决策的各个相关环节作出明确的规定。这种规定必须是客观的，唯一的，不允许有任何不同的解释。一套设计良好的交易系统，必须符合使用者的心理特征，投资对象的统计特征以及投资资金的风险特征。

交易系统有两种最基本的类型：一种是纯粹的技术交易系统，大部分的商业化的交易系统都属于此类。如以某技术指标发出的买卖信号为基础设计的交易系统。另一种是综合体系的交易系统，它以投资哲学思想为灵魂，以投资战略为指导，以交易规则为依据。真正能经得起长期实战考验的是第二类交易系统。只铁先生独创的"征战英雄"交易系统系列软件与笔者设计的狙庄计算机交易系统ZP2000就属于此类交易系统。

交易系统的特点在于它的完整性和客观性。所谓完整性，即其对证券投资的一个完整交易周期中的各个决策点，包括进场点、退出点、再进场点、再退出点等的条件都有明确具体的规定，从而形成一个完整的决策链。专业化实战操作交易系统的根本要求是客观化、定量化和保护化。所谓客观性或客观化，即其决策标准体现的唯一性。如果条件集合（甲）发生，则决策（乙）发生。这种因果关系具有唯一性。买卖信号必须成对出现，不允许有不完整的规则造成交易信号中断。交易系统是资金管理、风险控制、心理控制和市场统计分析的有机结合体。它可以给出该交易系统的一系列特征参数，如预期利润率，可能遭受的最大亏损，最多连续亏损次数、盈利／风险系数等。

交易系统的完整性和客观性，保证了交易系统结果的可重复性。系统的可重复性即是方法的科学性，交易系统方法属于科学型的投资交易方法。

167

交易系统方法，不但可以完整地体现任何一种单一的股票投资战略思想，而且可以完整地体现任何一种以上的不同股票的投资战略思想的组合。交易系统方法的实质是客观化交易。任何证券投资交易的战略或策略思想，只要能够达到客观化要求，就可实现系统化交易的目标。

三、交易系统设计的基本步骤

一个交易系统的设计过程通常由以下几个基本步骤完成：

(1) 设计交易策略；

(2) 选择交易对象、交易周期；

(3) 交易策略的公式化、系统化；

(4) 交易系统科学的统计检验、质量评价；

(5) 交易系统的改良、优化；

(6) 交易系统的实战检验；

(7) 交易系统的定期修正。

交易策略是指交易系统中所包含的投资理念、风格、方式和规则。它是整个交易系统的核心和灵魂。在以上几个步骤中其中有4个步骤可以否定基本的交易策略思想，即(4) 交易系统科学的统计检验、质量评价(5) 交易系统的改良、优化(6)交易系统的实战检验(7)交易系统的定期修正。这就是说，一个正确的交易策略思想必须依次通过基本统计数据库的检验，实战统计数据库的检验以及长期统计数据库的检验。也就是说，一个正确的交易策略思想必须能够经受住历史数据的检验，模拟实战的检验，初期实战的检验以及长期实战的检验。上述任一环节上具有统计意义上的否定、或严重缺陷，都要求使用者必须重新检讨、设计交易策略思想。

交易系统除了有明确的投资理念、投资策略和资金管理、风险控制、操作纪律等交易规则外，技术交易系统部分分以下几方面。

技术分析的核心与
实战交易系统的建立

1.怎样判断选股方法、技术指标、选股公式是比较好的、有效的

选股方法、技术指标变成选股公式最大的作用是能定量定性借助计算机强大的计算功能辅助进行更精确的可能性分析。只要把那些具有实用可操作的方法经验编制成选股条件公式，然后就可通过计算机根据这些选股条件来选股。并对选股条件进行科学的统计测试，以测定它在以前不同时段行情中的成功概率是多少、失败概率是多少。还可进一步优化处理，从而提高选股准确性。同时辅助我们投资决策，选股公式可以很快地从沪深两市一千几百只股票中选出那些符合选股条件的潜在股票，及时快捷供我们选择、决策。提高了选股效率、节省时间，让投资者有更多的时间去享受生活。

虽说选股方法、技术指标、选股公式测试是对以前的数据、现象或操作思路进行总结归纳，但由于股市运行具有重复性规律，所以对未来具有参考意义，笔者认为可以从以下几方面去思考：

（1）充分理解选股公式的市场意义、优缺点、适用范围、使用条件界定

举例使用威廉指标公式，它所反映的市场意义是N周期内股价所处的位置。如果N周期内今日只要收光头阳线，且收盘价等于N周期内最高价，威廉参数即达到0，超买；反之，N周期内今日只要收光头阴线，且收盘价等于N周期内最低价，威廉参数达到−100，超卖。如遇到强势股放量过顶或轻松过顶或过前期高点则是极佳买点，而威廉指标发出该卖信号，此时怎么办？卖掉后，后面还有很大一截利润。如遇到累积涨幅已大的个股庄家利用次低位出货，威廉参数达到−100，一旦买进，还继续下跌，照样会挨套。很多散户投资者都比较信赖威廉指标，是因为它在一定使用条件范围内灵验，所以相信它。但是用它的人越多，上当机会也就会越多。所以必须充分理解每个技术指标、选股公式的市场意义、优点缺陷、适用范围、时机，在不同技术指标分析发生矛盾时，才不致于不知道该如何选择！

实际上技术指标或选股公式只是对股市中所出现的一些规律现象、或操作思路的归纳总结，它能大大减少人们选股时的工作量，能提高收

169

益和效率。证券市场中的规律现象或操作思路实际也就是对主力有规律行为的正确判断，因此判断一个技术指标选股公式的好坏，应看它能否接近市场本质，与主力庄家真实行为的吻合程度，吻合程度高的就是好公式。

（2）结合操作策略是短线进出，中线、长线持股

笔者认为进入股市首先要制定好自己的一致性操作策略，根据自身条件限制、技术分析水平、盘面经验等一定要找到恰当的操作策略，在大势未发生逆转前，不可轻易更改。很多投资者明明知道追高风险大，原准备做短线，不慎一被套住，便改变策略，做中线，甚至于做长线投资了。所以必须用操作纪律来保证贯彻自己的一致性操作策略，从而控制风险。

至于选股方法或选股公式应用，如是短线进出，结合自己实战经验，必须用5日5%、10%成功率高70%～80%以上，且发出信号次数多，一年至少有400～500次以上的选股信号(追涨或抢反弹)，一旦赚5%、10%、20%必须获利出局走人，不能后悔放掉了黑马。同时必须设置止损位，一旦股价走势与分析预期的相反，要及时止损出局。

至于中线、长线操作策略的选择要使用30日、60日或100日获利10%、20%、30%成功率高达70%～80%以上，信号次数尽可能多达一年至少300次以上的选股方法或选股公式，耐心持股，不能看到别的股票天天涨停而烦躁、冲动，又改变操作策略。

（3）结合大盘大势的走势趋势状况：上升、下降、平衡市阶段

在大盘上升阶段初期及过程中，应采取重仓短中线结合，追涨热点板块中的股票，即使选股方法或选股公式成功率低于50%、60%也没多大关系，因为此时投资者应积极参与。只不过是不同的股票在同一段时间，涨幅有大小而已，投资者不能站在旁边看热闹而错失良机！

在大盘上升末阶段和下降阶段，应以逐渐退出或轻仓短炒，以控制风险为主的防御性操作。即便要操作也需要成功率高达80%以上的方法、公式，以短线操作为主，且操作次数要减少。以控制风险和保留现金为主。

在大盘平衡市阶段，则需要成功率60%～70%以上，次数一年至少400次以上的选股方法或选股公式。以短中线波段操作、50%以下仓

位，谨慎控制风险为主。

（4）结合发出信号个股是处于什么板块、是否处于当前热点之中

在大盘上升阶段，如个股处在热门板块初期，可以不用考虑方法、公式成功率高低，凭丰富的盘面经验即可及时进出。

如个股处在冷门板块中，这就要求公式成功率高些，在70%～80%以上。同时减少在冷门板块中的进出操作次数，如过早介入，则必须忍受主力庄家在精神上的折磨。

如个股处在一般板块，随大盘沉浮，则要求公式成功率在70%以上即可。

（5）结合操作风格是追涨型、抄底型、低吸高抛(做波段)型（引用者注：激进型、保守型或混合型）

如投资者的操作风格是追涨型，须有很强的看盘功夫及经验，选股要求如同第二条"短线进出"。

如果投资者的操作风格是抄底型，则要区分是抄长期大底、中期底部、短期底部，这对公式成功率高低要求是不同的。抄长期大底要求成功率最好60日或100日获利20%～30%在70%～80%以上，中期底部要求成功率在60%～70%以上，抄短期底部要求成功率在60以上，信号次数还要求相应增多。

（6）结合资金管理是轻仓、半仓、重仓、满仓

资金管理是炒股最重要的一环节之一，综合上面几个方面实际情况，必须采取相应良好的资金风险管理。一般地说，轻仓、半仓、重仓、满仓对选股方法或选股公式成功率基本呈现由低到高的趋势，这里不多说，相信投资者自会明白其中之道理。

（7）需要特别强调的是：小资金可以追求最佳的买卖点位，但是较大资金以上就不能追求最佳的买卖点位，只能追求最佳或较好的买卖区域。

（8）投资者须注意：一种成功率很高的选股方法，随着市场环境的不断变化，其成功率会有所降低衰减，切不可死抱着原来的选股方法不变！

综上所述，只要选股方法或选股公式发出信号次数多，如一年600～800次以上，成功率在55%～65%以上即可使用，再融合其他技术

分析、丰富的看盘经验可以再提高20%～30%胜算，这样综合起来胜算把握机会不就更大了吗？如果只片面追求成功率高达90%以上，这样必然带来可操作次数减少，相应的也就失去了实战可操作性。这样的选股方法或选股公式根本没有什么实用价值！一般地说，选股方法或选股公式发出信号次数与成功率高低和可操作性呈反比的规律。发出信号次数较多则成功率较低，而发出信号次数较少、成功率就高，则可操作性就差！三者不可兼得。

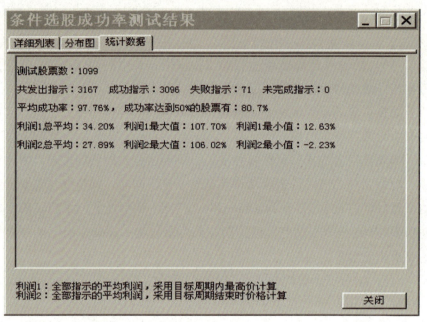

在此郑重提醒投资者：如果某人号称找到了5天获利10%、10天获利10%或10天20%的成功率在90%以上，乃至100%选股方法或选股公式，那绝对是假的或者根本无实用价值的东西！如上图成功率测试结果图，是笔者曾编写的成功率高达97.76%的选股公式。但该选股公式只是采用了前赋值函数编辑而成的无用公式，只供欣赏！

需要强调的是，选股方法或选股公式只是一种工具，只能提示我们在投资活动中，不要随意地进行操作。它能帮助我们作出决策，但不可能完全代替实际操作。选股方法或选股公式好比武器，如果手中拥有最先进的武器，两军对垒时胜算概率大些，但绝对不是取胜唯一的决定因素。

172

2.复合周期选股的认识

笔者以KDJ日线、周线、月线复合周期选股为例：KDJ低位金叉复合周期选股成功率测试：其成功率在80%以上。虽说其中有部分信号因测试平台本身不完善的原因是测试软件后来加入的，因而其测试具有一定缺陷(见第四章说明)，实际上它具有如下优点：

（1）找到股价运行循环位置。利用多周期整合的分析手段可以知道股价短期、中期、长期的趋势和股价目前所处的运行循环趋势位置。

（2）可以避免日线主力庄家的骗线。因为主力庄家在周线或月线上做技术骗线的可能性较小。从而能有效的过滤日周期发出的虚假信号。

（3）可以规避较大的市场风险。如在周线、月线中，KDJ的低位金叉比较能反映出价格波动趋势，由于多数个股底部形成的过程较缓，时间较长，因此相应的周月KDJ金叉时股价相对价位不会太高，市场风险较小。虽然股价在同时较低的不同级别不同周期的趋势位置可以判断股价不跌，并不等于一定会大涨或具备大行情，但是大跌的可能性很小。用附加综合其他方法可以研判后市能否大涨或具备大行情。

（4）每只大牛股在理论上均可被复合周期捕捉而毫无例外。同时也从反面告诉我们违背了复合周期选股的指示就不具备大牛股行情的技术条件。

（5）捕捉行情的源头、启动点。复合周期选股可以捕捉到大行情产生的源头和主升浪拉升的启动点。

（6）复合周期选股比较适合于大资金选择进场区域。从某种意义上说代表了主力一些有效的操作思路。

总之，我们不能因为复合周期由于测试平台本身不完善的原因，如"分析家"等在选股成功率测试上有一定的缺陷，从而放弃使用这种很好的选股方法而愚蠢地去适应有缺陷的测试方法，犯下"削足适履"这种可笑的错误。

（以上部分内容节省了引用者大量的时间，在此谨表谢意！）

　　中国资本市场的投资者，无论其是个人还是机构，如果不能迅速掌握最先进的投资思想、投资方法，那么在今后与外资的较量中就没有足够应付的先进武器进行抗战，其后果是堪忧的。索罗斯席卷东南亚，美国轰炸科索沃就是明证。也就是高科技蹂躏低级技术的残酷现实的真实写照。

　　有鉴于此，我们想要对下面这些问题进行特别强调，以便于投资者能够寻找到一个方向来学习、掌握目前世界上最先进的投资管理技术。

四、计算机化系统交易软件的现状

　　在国外，尤其是在美国计算机化分析软件和交易软件有很多种。在已经公开面市的所有软件之中，我们认为最能代表最新发展方向的是 Tradestation 2000i （其他那些还没有公开的系统交易软件不算）。

　　自1991年面世以来， TradeStation 2000i作为一套备受青睐的交易分析软件，其首选用户已超过35000个，遍布在25个以上的国家之中，被业内权威人士和众多用户一致公认为是分析软件的工业标准，各类荣誉的光环不断云集 TradeStation 2000i身上，其中最引人注目的奖项莫过于连续七年荣获由著名《股票与期货》杂志读者所评选出的最佳交易分析软件奖。

　　下面，我们想简单地展示一下它的情况，供有兴趣的读者可以做更进一步的研究。只要能够接收路透社、桥讯等资讯的地方都可以使用这种软件。

　　（1）计算机分析、交易软件在国外的现状

技术分析的核心与
实战交易系统的建立

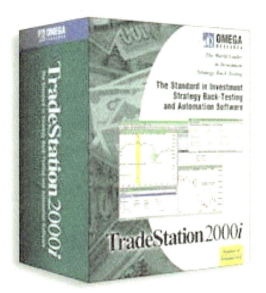

【图5-1a　Tradestation 2000i介绍】

【图5-1b　Tradestation 2000i软件外包装】

【图5-2a　运作画面演示】

【图5-2b　运作画面演示】

技术分析的核心与
实战交易系统的建立

【图5-3 技术分析图形】

【图5-4 技术分析图形】

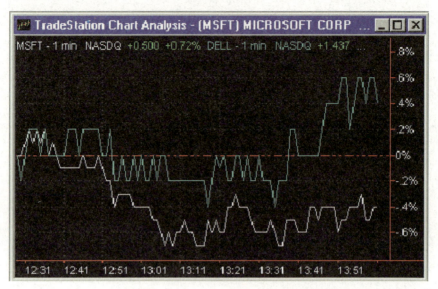

【图5-5a　技术分析图形】

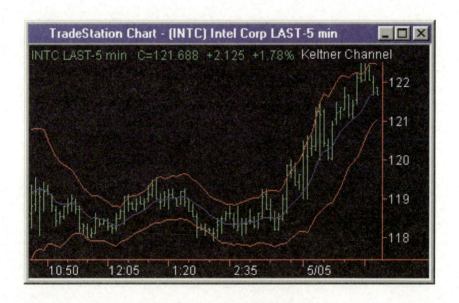

【图5-5b　技术分析图形】

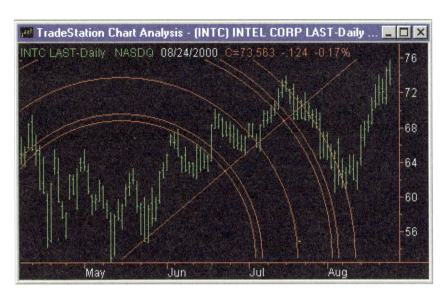

【图5-5c 技术分析图形】

【图5-6a 技术分析图形】

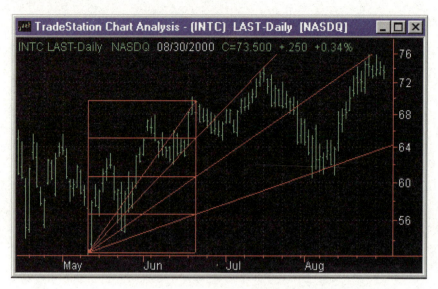

【图5-6b 技术分析图形】

【图5-6c 技术分析图形】

【图5-7 技术分析图形】

	Symbol	Last	Net Chg	Net %Chg	MRQ	Yield	GR 5
1	Dow Jones Industrial Avg (30)						
2	AA	40.17	-0.08	-0.21%	$0.17	1.64%	0.0
3	AXP	62.66	0.61	0.98%	$0.15	0.95%	12.2
4	BA	97.20	1.12	1.17%	$0.35	1.44%	12.0
5	CAT	81.47	0.09	0.11%	$0.00	1.75%	10.6
6	DD	51.96	-0.20	-0.38%	$0.37	2.84%	1.1
7	DIS	34.19	0.00	0.00%	$0.00	0.89%	5.1
8	GE	38.80	-0.27	-0.69%	$0.28	2.85%	9.3
9	HD	39.88	-0.15	-0.37%	$0.23	2.35%	31.7
10	HON	56.27	-0.28	-0.50%	$0.25	1.73%	3.8
11	HPQ	45.26	0.22	0.49%	$0.00	0.70%	0.0
12	IBM	106.06	0.06	0.06%	$0.30	1.50%	14.8

TradeStation RadarScreen - Page 1

【图5-8 技术分析图形】

【图5-8a　技术分析图形】

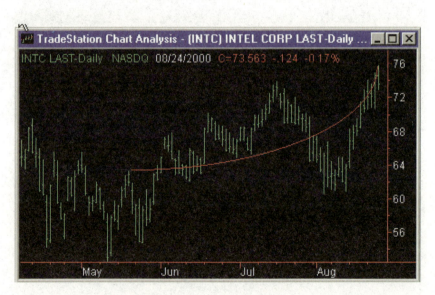

【图5-8b　技术分析图形】

战胜自己是英雄

【图5-9a 技术分析图形】

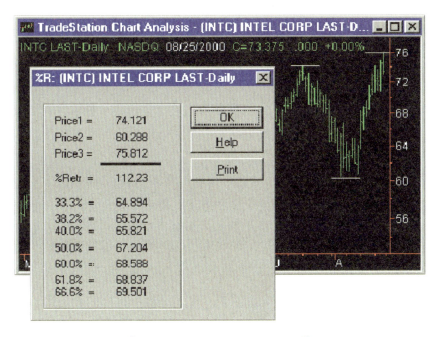

【图5-9b 技术分析图形】

　　除了已经公开的计算机分析、交易软件外，还有一部分秘密的实战软件正在使用中，其临盘实战威力当然比已经公开的要巨大得多，而且它们往往是由真正参与残酷实战的市场人士自己设计，而不像绝大部分分析软件由不懂股票甚至一股都不买卖的计算机软件人员所设计。

　　（2）计算机分析、交易软件在国内的现状

　　在国内则至今还没有出现一套计算机分析、交易软件是由真正的大

183

资金运作者或者说坐过庄的人设计的。这是国内投资市场一件悲哀的事情。

欣喜的是很快将有一套很高水平的软件问世了，它不光能够进行像"Tradestation 2000i"软件一样进行智能化的分析研判，其最为特殊的作用，就是它能够在成百上千的账号中，聪明地为集团大资金运作者合理地安排资金布局、流向，甚至能够聪明地自动对大资金进行交易账号的清洗，基本消隐不同账号间关联性对敲交易的痕迹。因此，它既是专业投资者的一大喜事，同时又是对逃避监管，度日如年的庄家的一大福音。

关于测试、评价投资方法的工具：

大量接触国内外各种最先进甚至处于秘密实战状态中的各类计算机分析、交易软件，作者可以说就目前为止还没有任何一种软件真正成功地解决了在各种条件下对交易方法和交易系统的历史成功率的测试和评价问题。

几乎所有的测试工具和测试平台都存在着这样或那样的BUG。其测试给出的结果不具备科学意义上的作用，最多只能作为非同一般意义上的参考。绝对无法作为临盘实战操作衡量投资方法、交易系统好坏、优劣的判定或标准。

请专业投资者务必要注意，不要因为测试工具或测试平台本身的问题而抛弃了好的投资方法，从而弄出"削足适履"这样的大笑话。

投资方法、交易系统的测试标准：

由于测试工具、测试平台本身的问题，目前没有任何一种计算机分析、交易软件能够担当对投资方法、交易系统测试和评价的重任。历史检测和评价投资方法成功率，目前还不能得到真正意义上的完成。

因此，唯一正确的测试和评价标准就是实战。只有残酷的实战才能真正对一种投资方法或交易系统的成功率和稳定性给出结论。

当然，对于一种投资方法或交易系统的好坏，我们并不需要愚蠢到

184

直接就拿来参与实战进行测试和评价。而可以用各种计算机软件提供的盘中动态预警功能，对某种投资方法、交易系统的操作结果进行客观记录，给定一段规定的时间看其最终的结果与当初的预警记录进行比较，其好坏优劣结论自然得出，统计一段时间后投资者自然能够做到心中有数。因此，<u>那些连动态行情都不能运用的分析软件，其实战效力是极为有限的，不在我们讨论范围之内</u>。

为了更好地说明问题，作者随意列举几个《征战英雄》软件盘中预警系统记录的例子，仅供读者参考，其并不代表作者使用了这些方法。

作为大资金运作者，作者本人基本是不使用条件选股方法的。因为大资金的进出绝对不能等待目标股票已经在具体点位上发出了信号的时候才去展开临盘实战买进操作。

所以，作者更加看重和具体使用的是大资金获利模式里的一些其他的方法。条件选股的方法一般仅适合于中小资金的投资者或机构，也就是散户朋友吧。

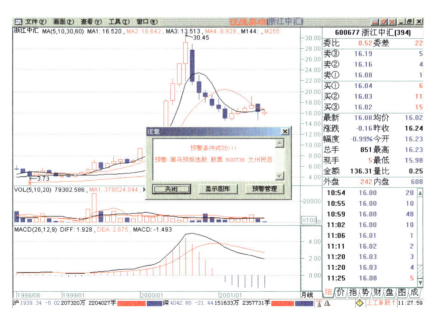

【图5-10　动态预警】

185

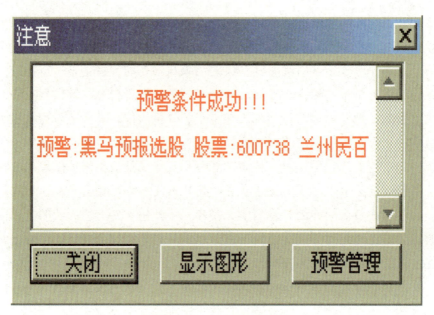

【图5-11 动态预警】

【图5-12 动态预警】

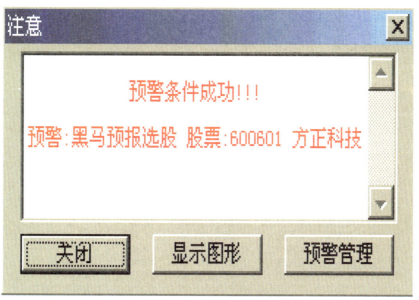

【图5-13 动态预警】

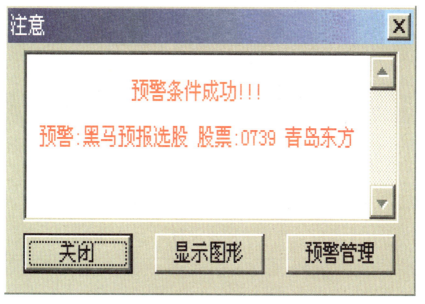

【图5-14 动态预警】

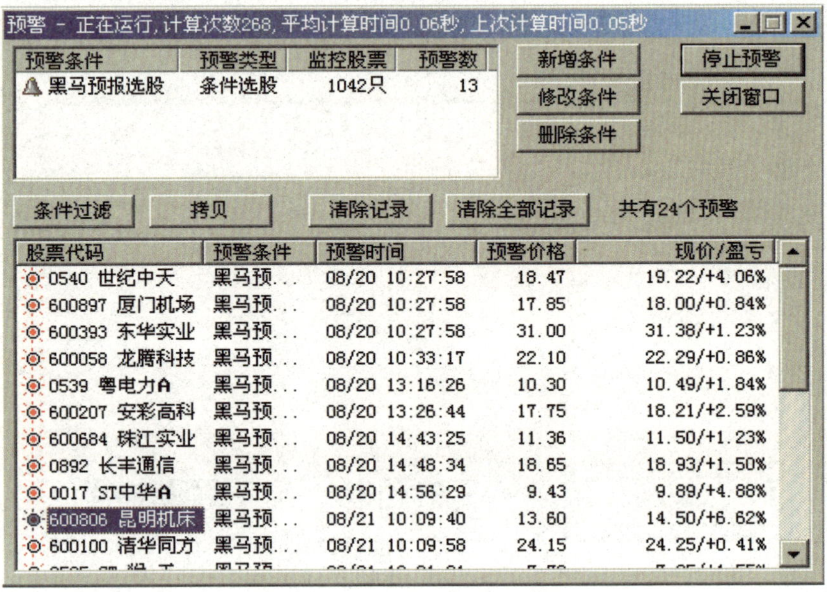

【图5-15 动态预警】

【图5-16 动态预警】

在这里，我们要特别强调：投资方法、交易系统的灵魂是它们的
具体使用规则。就好比枪吧，其本身并没有多大作用，相反枪的使用方
法才具有根本性的决定作用。请对交易公社和交易系统的爱好者用心体

188

会。不要陷入一些非常低级的研判误区中去。这样才能够真正提高自己的临盘实战功力而不是本末倒置地去提高编写一些无用公式的能力。

（3）交易技术系统的信号种类

在此、我们还必须强调计算机交易系统的信号分为两种类型：第一种是警示信号；第二种是操作信号。而它们在临盘实战操作中的作用和地位是有根本不同的。在今后的书中我们会有详细的讨论。

（4）计算机分析、交易软件的发展方向

我们认为临盘实战的投资方法、交易系统必须要能够完成如下使命才能算是真正达到了作为实战投资分析、研判的辅助工具。

它们必须完成对于临盘实战操作成立与不成立的要件进行客观、科学的标示。这些实战要件在本书前面的内容中已经有充分论述，它们具体是：

大盘目前的安全系数，相反的是风险系数。
个股目前的安全系数，相反的是风险系数。
目标个股目前所处的循环运动位置高低。
目标个股目前攻击动量的具体描述。
中、短、长线交易系统建立及进出规则体系。

五、"征战英雄"软件实战例子

下面作者将运作大资金使用的"征战英雄"交易软件的部分内容作一定程度的展示，因为是作者自己使用，故对其好坏不做评价，意在抛砖引玉而已。

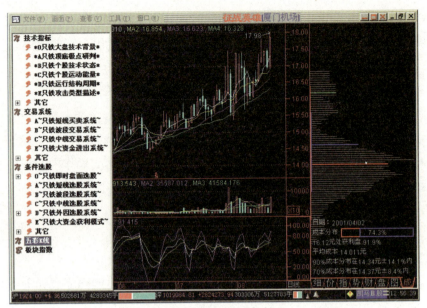

【技术系统内容】

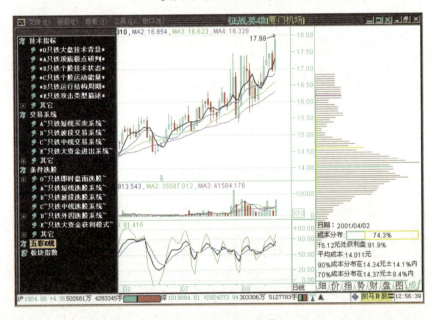

【技术系统内容】

特别令人高兴的是在《短线英雄》一书中，作者对0008亿安科技、600102莱钢股份、0012深南玻（也就是现在改名换姓的南玻科控）等股票坐庄模式将肯定失败的判定不幸而言中。

虽然如此，就在今天（2001年8月31日）的此时，市场中仍然还有

190

许多像亿安科技这样的失败庄家同样还处于痛苦万状之中。

大资金的获利模式在新的形式下已经产生彻底的改变。迅速适应新的形式是每一个大资金专业运作者刻不容缓的任务了。

下面是只铁《征战英雄》软件在个股上的实战事例。

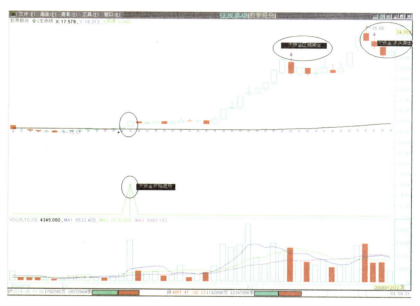

【致命的阻击系统】

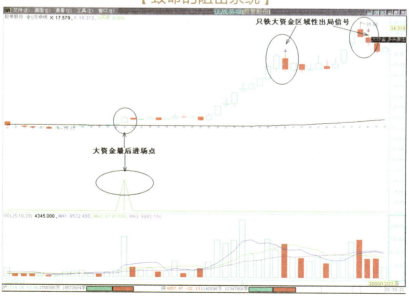

【致命的阻击系统】

【致命的阻击系统】

【致命的阻击系统】

192

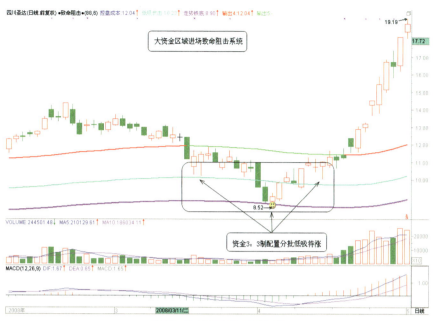

【致命的阻击系统】

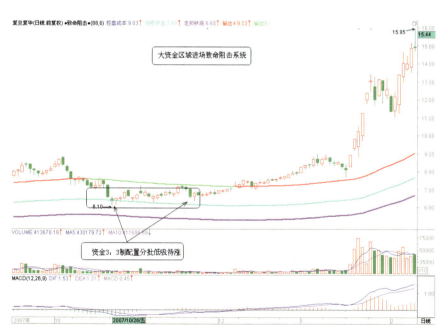

【致命的阻击系统】

英雄就是你自己

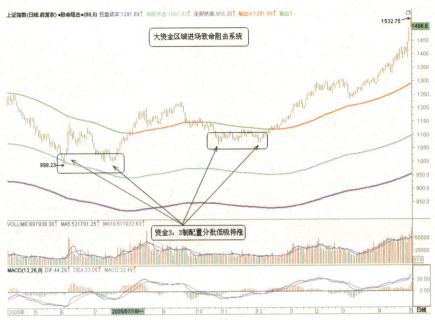

【致命的阻击系统】

【致命的阻击系统】

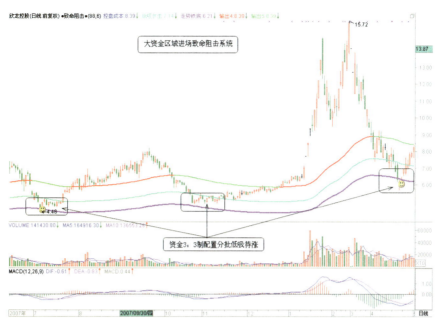

【致命的阻击系统】

【致命的阻击系统】

英雄就是你自己

【致命的阻击系统】

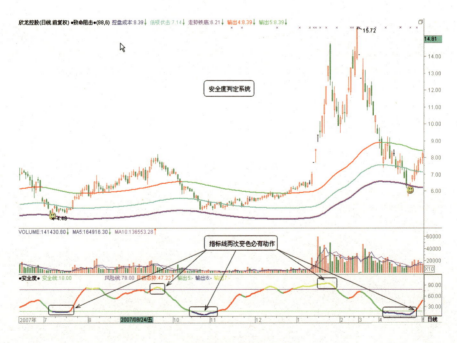

【致命的阻击系统】

196

大资金区域进场致命阻击系统

资金3：3制配置分批低吸待涨

【安全度判定系统】

英雄就是你自己

第六章
专业化短线操作的训练方法

TIEXUE DUANXIAN

ZHITIE ZHANFA ZHIMING DE ZUJI ZHANSHU

败兵先战而后求胜

一、知识与能力，知道与做到

专业短线高手的判定标准：（操作500万资金以下）

1.分析、研判水平要求：正确率（看对）的要求

任何专业选手的实战操作都是建立在对市场各种情况的分析、研判正确的情况下展开的。这就是看对。只有在其总体能够看对的前提下才可能长久、稳定、持续地去做对。看对的概念具体包括如下几方面内容：

◎ 大盘涨跌情况判定对：

对大盘走势的分析、研判正确是能够展开正确操作的第一前提。对专业选手来说具体又包括：

对大盘当日走势看对：要求有80%正确率。

在盘中交易时间内的任何时段，真正的专业选手都能够迅速看出当日大盘可能出现的最大概率走势及当日可能出现的上涨收阳、下跌收阴以及平盘收十字的各种情况。并能对其有一个客观的估量。以此来决定当天具体个股的操作战术行为是否真正展开。这其中最为重要的是对当天开盘集合竞价的准确理解和对盘中出现的高低点的透彻领悟。

对大盘短期走势看对：要求有80%正确率。

能够在正确率80%以上看对当日大盘全天可能出现走势的前提下，专业选手应该提高自己对大盘10天以内短期走势分析研判的正确率。能够80%概率以上看对大盘的短期走势是专业选手展开进攻性或防御性实战操作布局的关键。并由此断定自己展开的各种战术操作行为的安全系数大小。

◎ 个股涨跌情况判定对:

在大概率意义上能够看对大盘的前提下,专业选手还必须要求做到能够正确地分析、研判目标个股后续的短线技术态势。且正确率不能低于90%。

2.个股短中线技术态势判定

任何时候,市场中每一只个股都一定处于某种特定的技术态势之中,绝对没有例外。准确地说这种特定的技术态势指的是如下情形:

个股的攻击态势:

如果我们所分析、研判的目标个股的3日均线处于朝上的状态且3日均量线也同时朝上,据此,我们就可以认定该目标个股目前处于短线攻击态势之中。该目标个股就具备了一定的短线获利的操作价值。

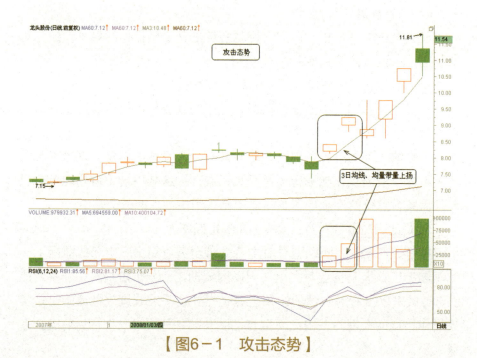

【图6-1 攻击态势】

202

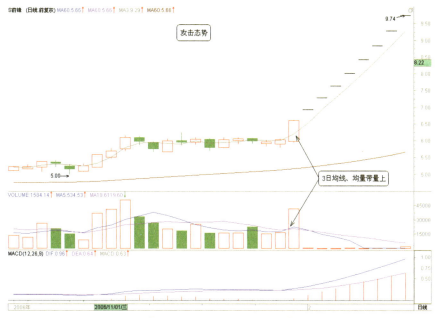

【图6-2 攻击态势】

若该目标个股的30日均线和10日均量线也同时朝上，我们据此就可以断定该目标个股中期处于攻击态势之中，中线获利机会也就产生。

【图6-3 攻击态势】

203

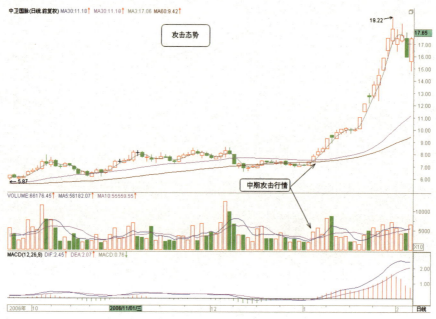

中卫国脉(日线,前复权) MA30:11.18↑ MA30:11.18↑ MA3:17.06↑ MA60:9.42↑

攻击态势

19.22

中期攻击行情

VOLUME:66176.45↑ MA5:56182.07↑ MA10:55559.55↑

MACD(12,26,9) DIF:2.45↑ DEA:2.07↑ MACD:0.76↓

【图6-4　攻击态势】

个股的盘整态势：

如果我们所分析、研判的目标个股的3日均线处于横向平走的状态，据此，我们就可以认定该目标个股目前处于短线盘整态势之中。该目标个股就不具备短线获利的实战操作价值。

如果该目标个股的30日均线也同时平走，我们据此就可以断定该目标个股中期处于盘整态势之中，中线获利机会暂时就消失。

（具体图形请读者参阅《短线英雄》一书的相关章节。）

个股的下跌态势：

如果我们所分析研判的目标个股的3日均线处于朝下的状态，据此，我们就可以认定该目标个股目前处于短线下跌态势之中。该目标个股短线就绝对不会攻击上涨，也就不具备任何短线操作价值。

如果该目标个股的30日均线也同时朝下，我们据此就可以断定该目标个股中期处于下跌态势之中并且不具备任何周期的操作价值。

（具体图形请读者参阅《短线英雄》一书的相关章节。）

3.大盘与个股行情力度判定

股价运动的行进速度：

只有行进中的行情才能为我们提供较大的整块利润。而行进速度的快慢，我们用股价运动角度的大小能够很好地进行衡量。专业短线高手往往只关心高速行进中的股票。

在这里我们以常规图形画面中的3日均线与水平线的角度来衡量行情行进的速度和行情展开力度的大小。45度角为标准行进速度，代表的是常态行情。

大于45度角的行情为强势行情，小于45度角的行情为弱势行情。大盘或个股的3日均线朝上运动的角度大于45度则行情力度强；若3日均线的运行角度小于45度角则个股或大盘的行情力度弱。如果股价行进的角度大于60度就是超级强势行情，专业短线高手对此孜孜以求。

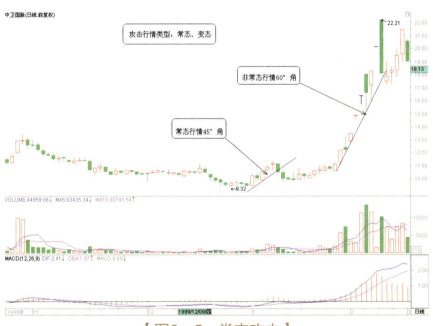

【图6-5　常态攻击】

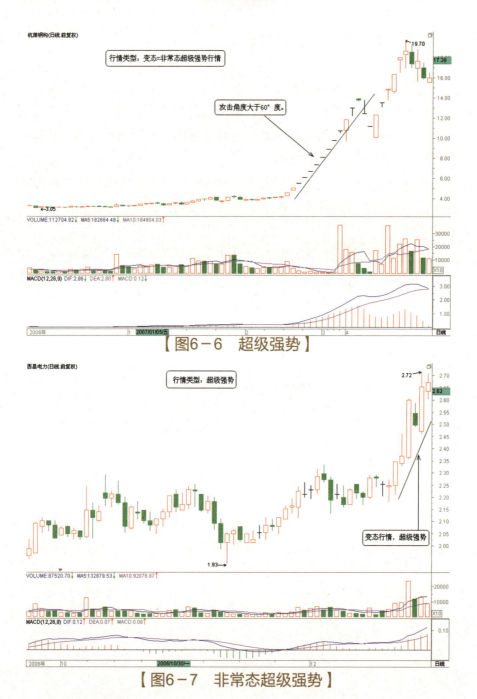

【图6-6　超级强势】

【图6-7　非常态超级强势】

盘中买卖交投：

大盘或个股成交量的大小直接表明着买卖交投的活跃状况。成交量大表明参与买卖活动的投资力量大，买卖交投活跃，行情产生的力度可能就大；成交量小，反过来说明了参与买卖活动的投资者少，交投清

206

淡，投资力量弱小，行情产生的力度可能也就小。

综合股价3日均线的运行角度和成交量的大小，我们可以轻松判定大盘和个股行情展开力度的大小，以便确定我们临盘实战的具体操作策略。

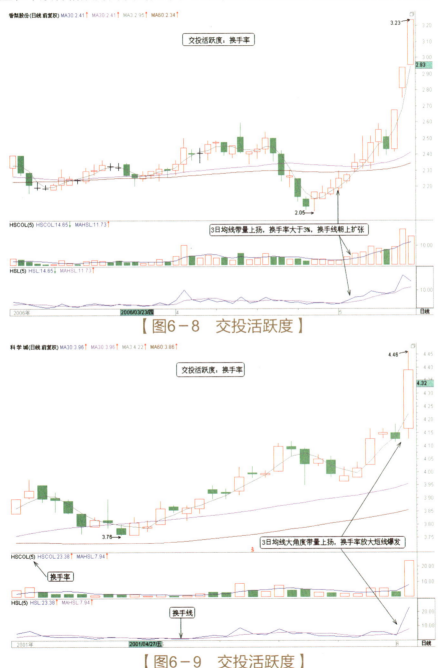

【图6-8 交投活跃度】

【图6-9 交投活跃度】

英雄就是你自己

【图6-10 交投活跃度】

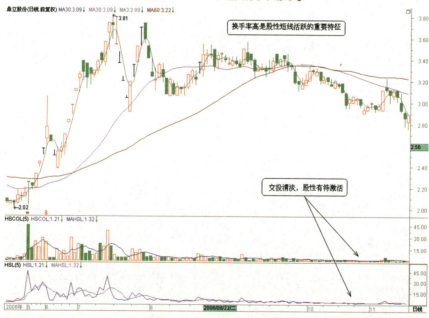

【图6-11 交投活跃度】

二、实战操作战绩要求：
成功率（做对）的要求

1.实战操作成功率判据

在市场有获利机会的背景前提下，具体包括大盘运行在牛市、熊市及平衡市的不同阶段的全程。我们首先用连续操作十次的盈亏作为判定标准。

顶级短线专业高手：10次操作全部赢利
高级短线专业高手：10次操作8次获利。
普通短线专业选手：10次操作6次获利。

以上标准中每次操作的亏损程度最大不能超过10%的幅度，超过该幅度的亏损已经不能列为短线专业选手的作为之列了。

投资是实践行为，绝不仅仅是理论研究。一般投资者要到达如上专业杀手的标准，那一定是需要模拟、实战反复千百次的刻苦训练，绝非一蹴而就，仅仅看看我的或者其他作者的书就能行的。

2.实战操作收益率判据

第一判据：与大盘同期涨幅的比较。无论大盘处于上涨、下跌或盘整态势当中，在给定的时间段内，专业短线高手的实战操作收益绝对不允许出现亏损。

如果大盘处于上涨态势则专业短线高手的收益一定大于同期大盘涨幅，绝对不会出现例外。如果等于或低于大盘同期涨幅则已经不属于专业高手之列。跑赢大盘是对专业选手的最低要求。

第二判据：与同期周明星、月明星股的涨幅比较。在给定的时间段内，如果当时的明星股票涨幅最高达到50%，那么对专业短线高手来说收益率至少应该达到明星股票涨幅的6成以上，即30%以上。

对于顶级高手来说收益率必须达到明星股票涨幅的8成以上，即40%以上。

3.实战进出点位的优劣比较

第一判据：实战操作进出点位与目标股票实际出现的高低点进行比较。

虽然目标股票的盘中即时波动高低点的出现具有极大的随机性。但是顶级专业短线高手能够根据自己丰富的临盘实战经验，千锤百炼的看盘、操盘能力以及对庄家控盘和做盘细节的精细把握，炉火纯青地将实战进出点位理想地操作在目标股票实际产生高低点的0.3%的幅度以内。

而专业短线高手的实战进出操作点位与目标股票实际产生的高低点之差不应当超过2%的幅度。大于2%以上的幅度就属于是业余选手的水平了。

第二判据点：实战操作进出点位与技术系统提示的最佳买卖点位比较。

目标股票技术上出现的最佳买卖点位具有确定的客观定量标准。专业短线高手必须做到技术信号一旦出现就立即展开实战进出操作的要求。

盘中绝对不允许有任何的幻想和犹豫。凡是信号出现后犹豫不决的操作都属于是业余选手的行为。因对股价下跌的恐惧和股价上涨的贪婪而随机产生的买卖点位则更是业余选手的低级行为了。

专业选手切忌没有任何技术依据的买卖行为发生。

第三判据：与市场主导力量的和谐共振。
顶级水平的专业高手甚至能够做到与大盘的主导控盘力量以及目标

个股的主控庄家同呼吸、共命运和谐共振的地步。

临盘实战操作中卖出就跌、买进就涨、出神入化，炉火纯青。真正做到枪就是手，手就是枪，指向那里就打向那里，想打那里就打那里的至高无上的股神境界。当然这绝对需要付出常人无法想象的艰辛努力和天才般的操作悟性才行。

4.实战操作长期累计收益率判据

长期、稳定、持续靠技术功力必然获利是专业选手区别于偶然凭运气随机获利的业余选手的最根本区别。实战操作长期收益的累积将准确地反映出这一根本性特征。

第一判据：月度收益与明星股机会比较。明星股的出现代表市场已经提供了获利的机会。

在一定时期内，如果市场中所有的股票都是下跌的，则任何级别的高手也都将无法获利，最好的情况只能做到不亏当赢。既然出现了明星股，那么考验专业短线高手的判据就是将专业短线高手的收益与明星股的涨幅进行比较。具体标准前面已有阐述。

第二判据点：年度收益与明星股机会比较。这一判据将从更加长远的时间考验专业短线高手的综合水平高低。其操作业绩的偶然性很小。尤其是在大盘处于熊市或平衡市的市场背景下，这一判据更能够检验专业短线高手的水平。具体标准参照前面。

5.超极限发挥的额外考核

对于天才级或大师级的专业短线高手，我们提供如下更加苛刻的判据进行标定。

第一判据：日、周涨停捕捉。在大盘处于多头行情或至少短期平稳的前提下。当日买进的目标个股次日出现涨停甚至连续涨停的成功率

211

大于60%，则为超级专业短线高手。当周肯定出现涨停的成功率若大于80%，则是顶级专业短线高手的标准了。

第二判据：当日20%极限获利。在大盘或个股大幅震荡的市场前提下。市场提供了由跌停到涨停的极限例子。对于该种市场机会的捕捉和把握对专业短线高手的技术、心理和临盘反应速度都将是极大的综合考验。优秀的专业短线高手能够准确地发现和捕捉到市场出现这种机会次数的60%，而顶级专业短线高手将能够准确地发现和捕捉到60%以上。

6.实战操作有利态势的把握（实战操作主动权）

专业短线高手总是不愿将自己的头寸暴露在风险当中。下列判据能够标定持仓头寸的安全状态。

第一判据：进场当日头寸安全状态。

◎ 目标股票当日持仓获利：

进场当日的买点好坏直接关系到已经展开操作战术的目标股票的安全情况。

专业短线高手总是严格按照技术系统提供的信号以第一时间展开临盘操作，以便使自己买进的持仓头寸处于相对安全的境地。

如果错过了技术系统提示的最佳买进信号，他们则会耐心等待尾盘股价走势定型后，在关键的时间之窗才展开实战操作以确保买进的股票当日不会出现被套，从而始终使自己处于有利的市场位置。绝对不会像业余选手一样因错失战机而缺乏必要的耐心、慌乱地展开操作。因此在80%以上的情况下专业短线高手总是当日就能使自己处于获利的良好态势之中。

战胜自己是英雄

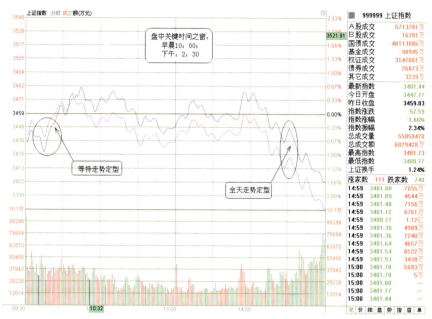

【图6－12　关键时间窗口】

油

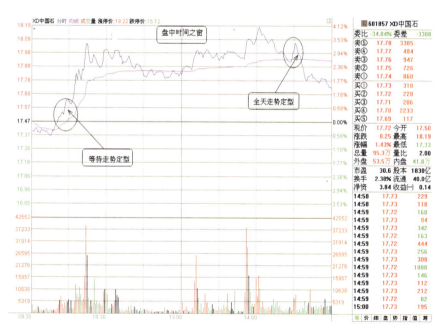

【图6－13a　关键时间窗口】

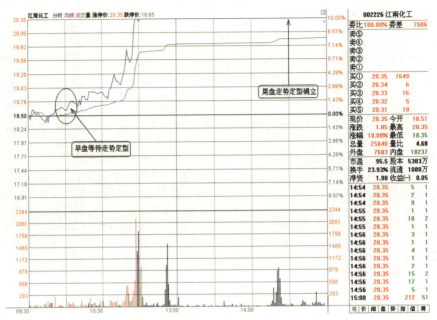

【图6－13b 关键时间窗口】

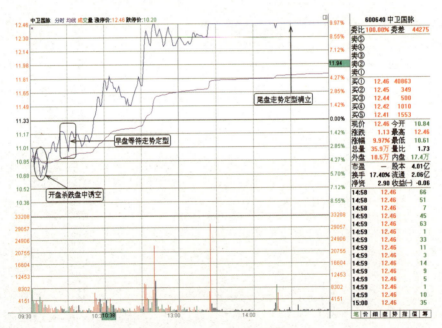

【图6－13c 关键时间窗口】

【图6-13d　关键时间窗口】

◎ 目标股票当日持仓平盘：

买进价位与收盘价持平，只能算是可以接受的一般情况。该情况的发生绝大多数的时候是因为尾盘的买进。

如果在收盘前的买进出现被套已经充分暴露出操作者短线实战操作功力的欠缺。为此，必须加强技术能力训练的强度。

对于专业短线高手可以接受的概率是20%以下。高于20%情况的出现已经至少说明两个方面出现问题。

一是技术功力本身不够扎实，二是操作者目前竞技状态不佳，需要休整。

◎ 目标股票当日持仓浅套：

对于专业短线高手来说买进当日就出现被套的情况允许出现在10%以下。我们是人不是神，总会偶然犯错。

但是，如果出现概率大于20%的情况发生就说明已经绝对不是偶然的问题了。这也不是专业短线高手的水平。

215

第二判据：出场次日与目标股票行进方向比照：

临盘实战操作卖点的好坏更加能够表现专业短线选手水平的真正高低。目标股票被卖出后近期的走势一定要产生下跌或至少有好几天处于平盘。这是衡量专业短线高手卖点质量高低的最起码标准。

卖出后，股价立即或不久就产生暴涨行情而自己被扎空则是专业短线高手的大笑话。更加严格的标准可以从卖出次日目标股票的行进走势进行判定。

◎ 目标股票下跌：

短线卖出次日，股价收盘时下跌或盘中产生大幅下跌的概率必须大于80%，否则短线卖点一定出现问题。短线操作要求的是尽量精确。

◎ 目标股票平盘：

短线卖出次日，股价收盘时平盘的概率临盘实战中允许出现40%的情况。

短线卖出的目的一是因为股价可能不再上涨，二是回避参与不确定性太大的调整以便节省时间成本。

卖出的目标股票调整结束后能否再次买进已经是另外一回事了。一次操作归一次，绝对不能混淆。

◎ 目标股票上涨：

短线卖出后股价继续大涨，则确定无疑地说明了卖点出现错误。实战中对专业短线高手来说发生的概率不能大于10%。当然为了换进更加强势目标股票的操作不在衡量之列。

（读者可以按前面的叙述自己设计表格进行定量化专业训练）

216

三、实战操作保护措施使用好坏

无论是在战术还是战略级别上展开的实战操作都无一例外地需要严格的实战措施进行保护。

专业短线高手绝对不允许在没有充分准备的情况下受盘中股价涨跌机会的诱惑，冲动地随意展开临盘实战操作，而且要求是无论在多大的投资规模和投资级别上。其中包含哪怕是只买卖一手的数量。

常用的短线操作保护措施有低位的补仓救援和高位的斩仓止损。因小资金有必须集中使用的管理原则，故在此也就谈不上投资组合的运用了。

止损使用次数和操作对错情况：

目前国内外许多权威的投资类书籍都特别地强调止损战术在实战操作中的重要性。好像不止损就不是股票投资了，甚至有人更是过分夸大地强调不止损就不是投资高手这样的说法。似乎有让人以为止损亏钱才是最光荣的意味。

其实，止损仅仅是实战操作的保护措施之一，它既不是投资的目的，也不是实战保护的唯一措施，更不可以不分场合地瞎强调而随便乱用。

实战中只有股价处于高位，后市下跌空间广阔、获利机会消失时才不得已采用止损措施。而且绝对是下策中的下策，并不是高明的办法，更不是唯一的办法。在能够采用下面介绍的补仓措施时，实战不应轻易展开止损，毕竟损失对每一个人来说都是痛苦的事情。

止损措施使用的好坏直接表明专业短线高手的理论功力深浅和操作能力高低。由于对各种操作和资金保护措施已有纯熟的掌握，因此绝对不允许专业短线高手出现止损操作展开后股价立即或很快上涨的情况出现的概率大于5%。偶然的出现可以允许存在。对于专业短线高手来说，止损是最后的救命措施，因为在进场操作前对股价可能产生的各种行进已经进行过了充分的考量。也就是说，即使要止损也必须使自己的止损成功地展开在近期股价的高位。

补仓使用次数和低点捕捉好坏：

补仓战术是实战操作出现错误和对资金安全保护的又一重要措施。其临盘使用的好坏同样也清楚地表明操作者的技术功力。

补仓措施只能在股价运动的低位和上升通道的重要支撑处展开，而绝对不是任何情况随意乱用的所谓摊低持仓成本这种业余意义上的行为。

补仓一定是补在股价运动的低位，对于专业短线高手来说绝对不允许补仓操作展开后股价立即或很快就再次大幅下跌。实战中必须要有90%以上的概率，能够成功地捕捉到近期股价运动的相对低点。以便使自己的救援性操作动作不再需要再次被补仓救援。

如果股价在下降通道中运动，下方无重要技术支撑时更是绝对不能补仓，只能采用止损。越补越套的事情只能在业余选手中出现，绝对不允许在专业短线高手的身上发生。

四、临盘操作速度的要求：
最佳、次佳买卖点及时捕捉

实际中的任何买卖活动都必须在即时盘中展开，而盘中股价高低点位的出现瞬间即逝，大好战机绝不等人。因此临盘把握最佳的买卖点位的水平是衡量专业短线高手的又一重要判枵。

临盘操作果断：

技术系统买卖信号出现后必须立即展开操作动作，绝对不允许有一丝一毫的迟缓。

临盘操作犹豫：

买卖动作展开的迟缓是实战操作者心态控制成熟度低下的明确标志，也是实战操作者意志力量脆弱的表现。这正是妨碍投资者朝专业晋级的最大障碍。

218

如果在投资实战中不能成功战胜自己人性的软弱，要想投资能够长久、稳定、持续成功，都是一句空话。

临盘操作熟练：

在市场获利机会出现时要像饥饿已久的猎豹，能够以闪电般的速度捕捉到在视野中出现、并且很可能马上就要溜走的猎物。这种条件反射般操作本领的形成来源于投资者长年累月的刻苦训练和实战成功、失败后的反复总结。

五、铁血纪律的誓死捍卫

纪律是军队能够打胜仗的首要条件。军队之所以能有比普通老百姓有更强的战斗力，就是因为有铁血的纪律和经历过残酷的技能训练。严明的纪律和誓死不渝地遵守纪律，是部队具备巨大战斗力的根本。

股票投资说透了就是和自己心灵中的另一个自我打仗。如果没有铁血的纪律和誓死不渝地遵守，试问，仗如何又能打胜？而对专业操作原则、规范誓死不渝地坚持是遵守纪律的灵魂。

临盘实战进场操作原则：

按照不同的技术系统，实战操作可以选择按照最佳、次佳、理想、满意的点位进场。其中的关键是，无论出现那一种信号，操作者都必须无条件地坚决执行进场信号指令。

这是专业短线高手的最高进场原则，军令如山。除此，绝对没有第二选择。在实战中出现信号后不允许犹豫，更不允许在没有信号出现时自作主张、轻举妄动。

临盘实战出局操作原则：

按照不同的技术系统，实战操作可以选择按照最佳、次佳、理想、满意的点位出场。

其中的关键是，无论出现那一种信号，操作者都必须无条件地坚决执行出场信号指令。

这是专业短线高手的最高出场原则，军令如山。除此绝对没有第二选择。

在实战中不允许专业选手在出现信号后犹豫，更不允许在没有信号出现时自作主张、轻举妄动。

临盘实战补仓操作原则：

任何补仓战术的展开都是事前充分计划好了的投资行为。实战中绝对不允许自以为跌幅已大，股价已低就随意进行补仓。

同时，也绝对不允许在计划中的补仓信号出现后由于自己对股价继续下跌可能出现的恐惧，而延缓甚至停止补仓计划的执行。

耐着性子静心等待时机，时机出现时果断地出击是专业短线高手的最重要基本功。任何随意的临盘操作行为都是职业选手无可救药的致命伤。

临盘实战停损操作原则：

如同补仓操作战术一样。临盘任何止损操作行为都是在计划和控制中展开。临盘必须克服斩仓时软弱的心痛和斩仓前的盲目幻想。

临盘实战心态控制原则：炒股最终也是炒"心"！

成功的投资，要求投资者严格做到，等待机会出现前有无比的耐心、机会出现时有超人的细心来辨别机会的真假和机会的大小。

在正确确认机会降临后，临盘实战操作必须拿出常人没有的决心和出现错误时敢于改正自己错误、处罚自己缺点的狠心。

只要你"四心"具备就一定能够攻无不克、战无不胜。炒股最终也是炒"心"！顶尖高手之间较量的是心态和境界已经决不再是具体的技巧。

220

五、股价运动规律与庄家经典手法的烂熟：
技法

对于股价运动规律和各种经典股价波动现象的滚瓜烂熟，是实战分析研判和临盘操作水准提高的关键。"宝剑锋从磨砺出，梅花香自苦寒来"，卖油翁"熟能生巧"是人人耳熟能详的故事。

只要你肯花常人不原花费的工夫，对股价运行的经典波动模式在吃饭、睡觉时都能日思夜想、反复揣摩，则你的成就，肯定就能远远超越于常人！

短线攻击态势判定的娴熟：

对盘中股价的攻击态势和股价短期的组合攻击态势等常见模式的滚瓜烂熟，是展开职业化快速操作的第一前提。

这种娴熟的条件反射功夫使专业短线高手能够迅速捕捉进出场的最佳机会。从而使自己的实战操作总是处于最有利的机会制高点上。这至少为后市行情波动的各种变化而应对赢得了主动权。

专业短线高手应该努力训练自己做到，一看到股票的图形就能够马上判别其在各级规模上最可能的行进模式。而且这种功夫必须苦练到看图要像看连环画一样简单和容易。如此，非痛下苦工夫不可！

大盘安全度判定的娴熟：

任何时候只要一看到大盘或任何股票的图形就要能够做到像小葱拌豆腐一样一清二楚。对图形所包含的各种行情信息既准确又快速的理解。随时都必须清楚我们目前所处位置的大盘和个股的安全度究竟有多高，清楚地制定出与之对应的，属于我们自己的正确的操作应对策略。这也是专业选手实战操作的最重要能力之一。

请注意，凡是行为能力范畴的东西非经历刻苦专业的系统训练是不能很好地具备的。就像炒菜，人人都知道火候的重要，如果非经反复、刻苦地训练是无法达到一级厨师的水平。方步人人会走，但是要走成国

221

庆阅兵时那种每一步的准确落地，却是要最优秀的士兵在严格的纪律约束下，经历一年的时间，封闭式反复、枯燥地进行残酷训练，而且要真正练坏好几双皮鞋才能办到。

庄家控盘技法掌握的熟练：

对于目标股票的庄家在各种级别的精细控盘操盘手法的熟悉，也是临盘操作成功的重要内容。

其中主要包括对庄家常用攻击手法的深入了解和掌握。对庄家常用调整手法的深入了解和掌握，以及对庄家波段性减仓和真正出货手法的深入了解和掌握。而这些手法都包含着常规技术和反常规心态、反常规技术的内容。真正彻底地掌握好这些内容，都需要投资者对各种经典走势图形进行大量记忆和反复背诵。

六、专业化投资的科学训练方法

1.功力晋级与实战锤炼——超越辉煌金刚不败

知道和做到、知识和能力、学会和学好：

世界上有许多事情你知道却并不表示你一定能做到。这是人类行为的两个决然不同的问题。知道表示的是知识范畴的问题，而做到表示的是能力范畴的问题。要将知道的知识转化为做到的能力，其中还必须有一个刻苦训练将知识转化成为能力的艰苦过程。

方步人人会走，可以要走到国庆阅兵方阵这种脚步落地时间精确到秒的程度，却必须经历一年的封闭式军事化、常人难以忍受呆板的反复刻苦训练。

请问，在股市的投资知识转化为操作的能力方面，你是否像军人一样进行了非常人的训练呢？知行合一是投资甚至是人生的最高境界，这种境界只有非常人般的刻苦训练才能达成。作者就曾经有过近四年的对自己残酷的训练。

战胜自己是英雄

残酷不断的反复练习：必须练到你自己感到害怕为止。

下面的方法是当年作者训练自己的部分内容。这也是目前游资训练操盘手的最有效方法。

2.沙盘作战演练

反复地将自己的角色定位于拥有上亿元大资金的庄家。不断地设想自己将如何运作这些资金才能在市场中成功获利、安全避险。这是一种庄家的角色。必须不断地设想各种方案和操作方式以及应变措施，设想的越细致，你的水平就会提高得越快和越大。长期坚持并反复总结。

反复地将自己的角色定位于拥有大资金的跟庄者。不断地设想自己将如何运作这些资金才能在市场中成功获利、安全避险。这是一种跟庄的角色。不断地设想各种方案和操作方式以及应变措施，设想的越细致，你的水平就会提高得越快和越大。将自己的操作方案，在纸张上进行客观细致地记录并与该股的后续走势进行严酷的对比。不断地寻找和总结自己成功和失败的经验和教训。

反复地将自己的角色定位于拥有一定资金的短线快枪手。不断地模拟自己捕捉短线股价波动机会的技术能力和出现误判时的处变本领。必须苦练到残酷无情的地步，对自己每一次出现的问题，哪怕是极小的错误也一定要追究。一定要寻找到技术、心理或资金管理方面的原因。

3.规范化专业投资之交易日记

客观、细致地记录自己每一次的临盘实战投资买卖交易的情况。对每一次操作的成功和失败都必须寻找到技术、心理和资金管理等方面的原因。这个工作搞得越细致、越客观、越定量越好。千万不能马虎和随便。

4.特例背诵

对于各种表现异常的股票的图表，必须进行彻底的背诵，以便随时进行仔细地体会。明了其走势的各种市场含义。记录越多，见识越广，实战反应将越快、越准。异常所指的是表现特别好和特别坏的经典案例。

同时每天必须背诵涨幅前10名和跌幅前10名的股价即时波动走势图，仔细、反复揣摩其市场和技术含义。

条件反射：炉火纯青，出神入化、臻于化境。

通过如上刻苦练习，将自己训练成顶尖枪手一样。枪就是手，手就是枪，指向那里就打到那里，想打那里就打那里，百发百中。

职业投资的专业化标准：每天都严格地将自己目前对大盘、热点、市场技术特征的研判、分析写成看盘日记并制作成表格。将自己所有的实战操作都记录在自己的交易日记之上。同时也将各种成功的经验、失败的教训进行客观、准确的记录。这是职业投资者的任务。水滴石穿，长期如此，投资功力必然飞跃，顶尖高手自然可成。

自己的分析、研判系统和实战操作系统确立：

根据自己掌握的投资理论、投资哲学和自己的个性，确定出属于自己的客观化、定量化、保护化的标准化专业投资分析研判技术系统和投资实战操作系统，并像捍卫自己生命一样，大赢家绝对就是你自己无疑。

只要工夫深，铁棒磨成针。

5.经典技术现象的反复背诵

关键技术位置的标志性K线：背诵。
经典即时分时技术图表形态：背诵。
经典投资理论的深刻学习：投资哲学；投资技术。

七、分析研判体系与实战操作体系的和谐

1.战术错位化解

<u>分析研判与临盘操作错位；个股走势与大盘背景错位。</u>

错位既是很好的机会又是巨大的陷阱，其间的玄机如何把握牵涉到操盘者技术水平和专业功底的高低。

实践中，知行合一是一切人生领域的最高境界，学会不等于学好，知道不等于做到。这就是知识和能力的问题,高超的能力非经反复的刻苦训练绝对不会具备。

同一把枪，我能枪枪打十环，而你只能打出八环，九环，那是你功夫不够的问题，而绝对不是枪的问题。投资者对此一定要有充分的认识。

2.分析、研判与临盘操作的错位

我们投资者是人不是神。追求完美是一种沉重的痛苦，我们绝对不可能将所有的技术走势细节全部看准，但这并不能妨碍我们取得投资的根本性成功。

因为我们看不对却可以做得对，关键是对错的标准我们自己如何界定而已。

职业投资家不以赚赔作为衡量自己对错的唯一标准，而是以是否坚持自己稳定的分析、研判和操作系统的法则作为判定自己对错的依据。

<u>不坚持操盘原则，赚到钱是一种偶然，是一种错误的投资行为和投资习惯</u>，相反，坚持自己的系统法则亏损了也是对的，它能确保你在风险莫测的市场中长久生存、总体获利。

如果临盘实战中出现我们分析、研判的结论与市场的实际走势相反这样的技术错位，那么，<u>我们的处理原则永远是按照技术系统提供的法</u>

225

则进行实战操作，而绝对不是凭感觉去盲目预期和随意操作。

如果系统法则提示进场，我们就应该毫不犹豫地坚决进场；如果系统法则提示出局，我们就应该毫不留恋地坚决出局。这样，你就能在临盘实战操作中像机器人一样没有丝毫感情，完全按照技术系统提示的进出法则，而不是按照盘中即时股价波动的涨涨跌跌去展开临盘投资实战操作动作。

如此，则取得巨大的投资成功的时间就离你不远了。

3.个股走势与大盘背景错位

大盘反映着1000多只股票的总体统计走势。它代表了市场运行的总体方向，因而，市场中有"个股不敌大势"的说法。大盘是个股股价运动展开的外在环境。它对每个股票的具体运动态势都会有不同程度的影响。

大盘涨个股同时也涨，大盘跌个股同时也跌，这种同步行为是市场的正常情况。而如下两种特殊情况要引起我们的实战高度注意：①大盘涨而个股跌②大盘跌而个股涨。这两种特殊情况就叫技术走势错位。

大盘涨而个股却在长线下跌,这样的股票我们不要去碰它。大盘跌而个股涨要区别对待：一种是逆势妖庄，专门与大盘反做表现欲特强，企图引起市场的全面关注以便给它提供出货机会；一种是所有技术图表都完美漂亮，庄家做盘决心坚决，实战控盘技巧高超。这样的股票是我们熊市中赚钱的工具，我们一定要好好对待,牢牢把握。

第七章
专业化实战操作战例举要

男人征战天下

一、只铁专业投资实战计划书范例

应中国资本市场新形势的彻底变化的需要和众多机构投资友人的再三邀请，从去年下半年开始，作者的主要精力和工作重心就全部都转移到为机构拯救大资金失败项目和新立项目的运作、策划工作上。工作任务异常艰巨，作者的精力实在有限，有鉴于此，率领本部核心会员征战沙场的工作就全部落在了作者分布于各地的助手肩上。

因此，作者要特别感谢肩负重任的助手们，在我今年几乎所有的工作时间都放在为大资金成功出局的时候，是他们率领着我的核心会员进行着卓有成效的临盘实战操作，是他们替代着作者与广大的核心会员朋友们在风雨凄迷的股海中风雨同舟、患难与共。

下面是作者在各地的助手们的部分实战操作战例，在公开的时候都取得了相关合作会员的同意。其中部分项目已经胜利完成。作者将之公布出来的目的主要是供有志于运作大资金的专业选手作为一种参考，以提高专业化、规范化、科学化运作大资金的实战水平。

229

股票投资计划书

只铁计划（2001）第028——加b号一级机密

时间：2001年5月31日　重庆战区会员编号：XXX

总则：

捕捉确定而绝对不是模棱两可的获利战机。出手一定要赢！

〖 短线坚决出击 〗
东方电机——"阻击最凶黑马"

一、投资项目：

参战战场：上海证券交易所　目标品种：600875东方电机

投入兵力：XXX万元　预计理想投资回报：20%

预计投资期限：5月31日开始　3天内投资风险：＜2%

二、参与理由：

H股板块目前为市场热点。该股流通盘适中，流通市值仅6亿多元。

股价创1996年以来的新高。成交量缓慢规则性放大，主力做盘决心坚决。

自今年2月以来该股形成标准的上升通道，目前有脱出上轨加速运行的趋势。

该股短线理论空间在13.5元附近，而目前价位仅在11元附近，有20%左右的上升空间，具备操作价值。

大盘安全，具备进行短线操作的大环境。

三、基本面资料：

东方电机属发电设备制造行业。主营水力发电设备、汽轮发电机、交直流电机和控制设备。流通A股6000万股，2000年每股收益0.0051元。该公司已跻身世界一流大型发电机设备研制企业行业。

四、投资策略：

使用1/3资金进行短线操作。全神贯注于庄家动向，与庄家同呼吸共行动。实战强调操作速度果断。

230

五、操作要求：

动用总资金M万元的1/3，即XXX万元进场操作。今日在股价放量突破上升通道上轨时迅速介入，此操作行为正确，目前已处于隐蔽状态。在股价发出卖出信号时，应果断出局。坚持操作原则，具体实施时必须要求技术要件全部苛刻的符合要求。非计划内的操作决不允许展开。

六、风险控制：

只要股价不跌回上升通道上轨，则按原计划操作；若股价又回到上升通道上轨之内，则止损。

七、投资回报：

该股理论空间13.5元，动用资金赢利率：20%。

实战成功的关键在于风险控制技术的专业化运用

自古以来：征服别人容易、征服自己困难。

——"多情剑客无情剑"小李飞刀

〖目标股票图谱〗

【图1】

231

【图2】

实战操作规范

一、进出依据：

只铁多周期浪形判定及空间量度系统。

只铁分时技术之图表系统、指标系统。

江恩百分比支撑、阻力价格带运用。

二、总仓位控制：XX万股。

三、出场区域：13.5元附近，实战以信号为准。

第一条件：浪形完毕。

第二条件：多卖出信号出现。

以只铁智能交易机器人出场信号为准。

备注：选股精细依据、股价可能行进路线规划另案补述。

股票投资计划书

只铁计划（2001）第029一级机密

时间：2001年5月31日　广东战区会员编号：XXX

总则：

捕捉确定而绝对不是模棱两可的获利战机。出手一定要赢！

〖 中线坚决出击 〗
盘江股份——"中线黑马"

一、投资项目：

参战战场：上海证券交易所　目标品种：600395盘江股份

投入兵力：XXX万元　预计理想投资回报：60%

预计投资期限：5月31日开始　3月内投资风险：<2%

二、参与理由：

新股次新股为目前热点。该股开盘价合理，具备炒作空间。

第一个5分钟换手19%，K线组合为坚决收集型，符合只铁战法"炒新股不败"买入条件。

上市首日换手66%，相当理想。收盘站稳在庄家成本价之上，后续行情可期。

以其12元附近的上市首日定价分析，该股绝对价位偏低，上涨可能性极大而下跌可能性很小。

三、基本面情况

盘江股份属煤炭采选行业。主营原煤开采、选洗精煤和特殊加工煤。流通盘12000万股，2000年每股收益0.134元。发行价每股6元。

四、投资策略：

使用总资金的1/3投入该股，进行中线操作。集中计划资金，寻找技术低点，果断进场建仓。

五、操作要求：

在该新股满足"炒新股不败"买入条件的前提下，动用总资金M万元的1/3，即XXX万元进行操作。寻找盘中低点进场建仓。今日两次建仓的点位正确，平均价格在12.10元附近。实战要求在股价发出卖出信号时，果断出局。坚持操作原则，具体实施时必须做到技术要件全部苛刻的符合要求。非计划内的操作决不允许展开。

六、风险控制：

只要股价不有效击穿11.55元，则坚决守仓。

七、投资回报：

该股理论空间20元，动用资金赢利率：60%。

实战成功的关键在于风险控制技术的专业化运用

自古以来：征服别人容易、征服自己困难。

——"多情剑客无情剑"小李飞刀

〖目标股票图谱〗

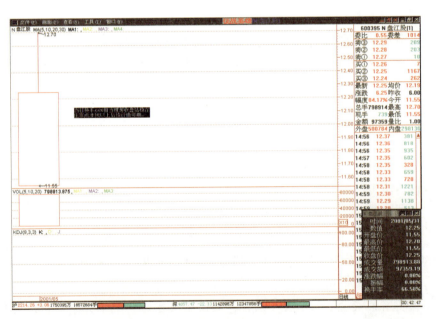

【图1】

【图2】

实战规范

一、进出依据：

只铁多周期浪形判定及空间量度系统。

只铁分时技术之图表系统、指标系统。

江恩百分比支撑、阻力价格带运用。

二、总仓位控制：XX万股。

三、出场区域：20元附近，实战以信号为准。

第一条件：浪形完毕。

第二条件：多卖出信号出现。

以只铁智能交易机器人出场信号为准。

备注：选股精细依据、股价可能行进路线规划另案补述。

股票投资计划书

只铁计划（2001）第008号一级机密

时间：2001年2月23日　广东、成都战区会员编号：XXX

总则：

捕捉确定而绝对不是模棱两可的获利战机。出手一定要赢！

〖 波段坚决出击 〗
乌江电力——"阻击波段黑马"

一、投资项目：

参战战场：深圳证券交易所　目标品种：0975乌江电力

投入兵力：XXX万元　预计理想投资回报：100%

预计投资期限：2月26日开始　半年内投资风险：<2%

二、参与理由：

该股前期曾有明显收集行为，近期无量下跌，已有止跌信号出现。

从技术的角度看该股上市至今一直未产生过真正大规模级别的超级行进。

流通盘偏小，绝对价位较低，容易炒作。

"只铁无敌"操作系统今日发出买进指示。

该股是一只理想的波段品种，目标翻番。

三、基本面资料：

乌江电力属电力行业，主营水力发电。流通A股4800万股。2000年每股收益0.20元。

四、投资策略：

使用总资金的1/3投入该股，进行波段操作。集中计划资金，寻找技术低点，果断进场建仓。

五、操作要求：

动用总资金M万元的1/3，即XXX万元进行操作。从2月26日开始，寻找盘中技术低点分3次进场建仓。实战要求在股价发出卖出信号时，果断出局。坚持操作原则，具体实施时必须做到技术要件全部苛刻的符合要求。非计划内的操作决不允许展开。

六、风险控制：

中线安全是短线进场的前提。每次买进后不得出现8%的亏损。连续三次都失败就无条件退出。

七、投资回报：

该股理论空间26元，动用资金赢利率：100%。

实战成功的关键在于风险控制技术的专业化运用

自古以来：征服别人容易、征服自己困难。

——"多情剑客无情剑"小李飞刀

〖目标股票图谱〗

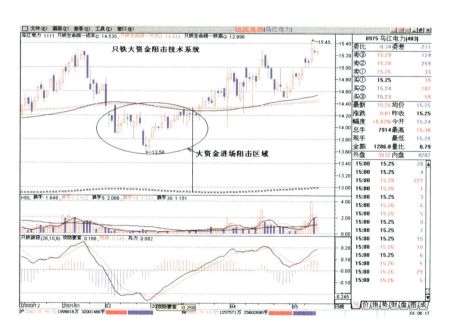

【图1】

实战规范

一、建仓部署：（分三次建仓）

第一仓位：下周一在13.60元附近建仓1/3；

第二仓位：下周二（在13.48元之上）止跌企稳之后再建仓1/3；

第三仓位：只要股价在下周三继续不破13.48元，则寻找分时低点大胆建立最后1/3仓位。

二、进出依据：

只铁多周期浪形判定及空间量度系统。

只铁分时技术之图表系统、指标系统。

江恩百分比支撑、阻力价格带运用。

三、总仓位控制：XX万股。

四、出场区域：26元附近，实战以信号为准。

第一条件：浪形完毕。

第二条件：多卖出信号出现。

以只铁智能交易机器人出场信号为准。

备注：选股精细依据、股价可能行进路线规划另案补述。

股票投资计划书

只铁计划（2000）第088A号一级机密

时间：2000年11月13日　上海战区会员编号：XXX

总则:

捕捉确定而绝对不是模棱两可的获利战机。出手一定要赢！

〖 波段坚决出击 〗
胶带股份——"阻击波段黑马"

一、投资项目：

参战战场:上海证券交易所　目标品种：600614胶带股份

投入兵力：XXX万元　预计理想投资回报：15%

预计投资期限：11月13日开始　两周内投资风险：<2%

二、参与理由：

该股自今年3月起便在此平台作整理，蓄势充分。

目前该股短、中、长期技术系统已修复得非常完美。

今日放量强势上攻，只铁"大资金运作"系统发出买进信号。

沪市著名小盘股，股性活跃。

三、基本面资料：

胶带股份属化工行业上市公司。主营开发、生产及销售胶带、橡胶制品、胶鞋、化工产品、化工原料、餐馆、百货零售及设备制造。流通A股834.9万股，B股4174.5万股，2000年中期每股收益0.0106元。

四、投资策略：

使用总资金的1/4投入该股，进行波段操作。集中计划资金，寻找技术低点，果断进场建仓。

五、操作要求：

动用总资金M万元的1/4，即XXX万元进场操作。寻找盘中技术低点分两次进场建仓。实战要求在股价发出卖出信号时，果断出局。坚持操作原则，具体实施时必须做到技术要件全部苛刻的符合要求。非计划内的操作决不允许展开。

六、风险控制：

将止损点设在10日均线附近，只要股价不有效跌破10日均线，则一路持有。

七、投资回报：

此波段理论空间20元附近，动用资金赢利率：15%。

实战成功的关键在于风险控制技术的专业化运用

自古以来：征服别人容易、征服自己困难。

——"多情剑客无情剑"小李飞刀

〖目标股票图谱〗

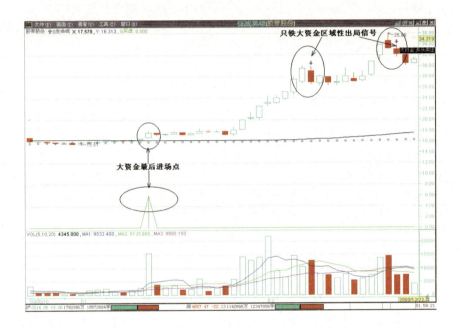

【图1】

实战操作规范

一、建仓部署：（分两次建仓）

第一仓位：今日在17元附近已建立1/2原始仓位；

第二仓位：明后两日在股价回抽企稳时再建仓1/2；

二、进出依据：

只铁多周期浪形判定及空间量度系统。

只铁分时技术之图表系统、指标系统。

240

江恩百分比支撑、阻力价格带运用。

三、总仓位控制：XX万股。

四、出场区域：20元附近，实战以信号为准。

第一条件：浪形完毕。

第二条件：多卖出信号出现。

以只铁智能交易机器人出场信号为准。

备注：选股精细依据、股价可能行进路线规划另案补述。

股票投资计划书

只铁计划（2001）第021一级机密

时间：2001年2月9日　成都战区会员编号：XXX

总则:

捕捉确定而绝对不是模棱两可的获利战机。出手一定要赢！

〖 中线坚决出击 〗
长春燃气——"阻击中线黑马"

一、投资项目：

参战战场:上海证券交易所　目标品种：600333长春燃气

投入兵力：XXX万元　预计理想投资回报：100%

预计投资期限：2月9日开始　1年内投资风险：<2%

二、参与理由：

次新股板块目前为市场热点。该股流通盘适中，流通市值仅9亿多元。

从2000年12月上市之后的三周内，有明显的强庄吸筹迹象。

从即时盘面上观察，庄家在15元附近的护盘迹象非常明显。

征战英雄软件之"只铁生命线"显示主力成本在15.6元附近，而目前股价低于此成本，正是跟庄大资金逢低建仓的好时机。

241

该股中线理论空间在30元附近，而目前价位仅在15元附近，有100%左右的上升空间，完全具备操作价值。

三、基本面资料：

长春燃气股份有限公司属能源开发行业上市公司。主营城市管道燃气生产、供应；冶金焦炭、煤焦油生产、销售，是长春市城市基础设施行业的骨干企业。流通A股6000万股，2000年预计每股收益0.195元。

四、投资策略：

使用1/3资金进行中线操作。集中计划资金，寻找技术低点，果断进场建仓。

五、操作要求：

动用总资金M万元的1/3，即XXX万元进场操作，在"只铁生命线"成本线之下的区域进行低吸建仓，在股价发出卖出信号时，果断出局。坚持操作原则，具体实施时必须要求技术要件全部苛刻的符合要求。非计划内的操作决不允许展开。

六、风险控制：

只要股价不有效跌破14.60元，则一路持有。

七、投资回报：

该股理论空间30元，动用资金赢利率：100%。

实战成功的关键在于风险控制技术的专业化运用

自古以来：征服别人容易、征服自己困难。

——"多情剑客无情剑"小李飞刀

242

〖目标股票图谱〗

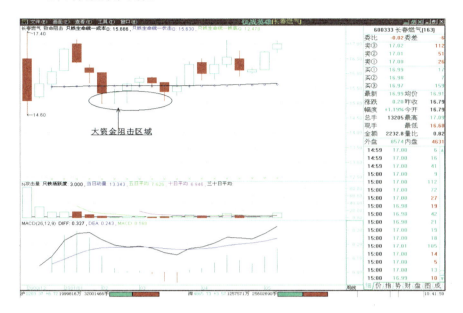

【图1】

实战规范

一、建仓部署：

在15.6元以下不断寻机低吸，直到吸足XX万股，然后锁仓，一路持有。

二、进出依据：

只铁多周期浪形判定及空间量度系统。

只铁分时技术之图表系统、指标系统。

江恩百分比支撑、阻力价格带运用。

三、总仓位控制：XX万股。

四、出场区域：30元附近，实战以信号为准。

第一条件：浪形完毕。

第二条件：多卖出信号出现。

以只铁智能交易机器人出场信号为准。

备注：选股精细依据、股价可能行进路线规划另案补述。

股票投资计划书

只铁计划（2001）第023号一级机密

时间：2001年2月28日　上海战区会员编号：XXX

总则：

捕捉确定而绝对不是模棱两可的获利战机。出手一定要赢！

〖 波段坚决出击 〗
ST黄河科——"中线黑马"

一、投资项目：

参战战场：上海证券交易所　目标品种：600831ST黄河科

投入兵力：XXX万元　预计理想投资回报：100%

预计投资期限：2月28日开始　半年内投资风险：<2%

二、参与理由：

股价自年初开始无量下跌，有明显的构筑空头陷阱之嫌。

2月23日、26日和27日已出现一组止跌的K线组合，并且有成交量的配合。下跌的理论空间也已基本达到。

从"征战英雄"软件的"致命阻击"指标看，目前价位位于"铁底"之下，非常安全。结合分析量价关系，可进一步判定此轮下跌为空头陷阱。

其较小的流通盘和较低的价位完全符合大黑马的条件。

三、基本面情况

黄河机电股份有限公司属电子产品行业，经营范围包括家用电器、电子元器件、电子电器设备、精制仪表、移动通信设备、无线及卫星接收设备、工装模具、体育器械及设备、医疗器械设备、机械及非标准设备的设计、制造。流通A股4634万股，2000年中期每股收益−0.183元。为陕西省政府重点扶持企业。

四、投资策略：

使用总资金的1/3投入该股，进行中线操作。集中计划资金，寻找技术低点，果断进场建仓。

五、操作要求：

244

　　动用总资金M万元的1/3，即XXX万元进行操作。从2月28日开始，寻找盘中技术低点分2次进场建仓。实战要求在股价发出卖出信号时，果断出局。坚持操作原则，具体实施时必须做到技术要件全部苛刻的符合要求。非计划内的操作决不允许展开。

　　六、风险控制：

　　只要该股基本面不出现恶化的情况，则实战采取逢低补仓的保护措施。

　　七、投资回报：

　　该股理论空间20元，动用资金赢利率：100%。

实战成功的关键在于风险控制技术的专业化运用

　　自古以来：征服别人容易、征服自己困难。

　　　　　　　　　　　　——"多情剑客无情剑"小李飞刀

　　〖目标股票图谱〗

【图1】

英雄就是你自己

【图2】

实战规范

一、建仓部署：

第一仓：2月28、29日，寻找技术低点进行第一次建仓，仓位50%；

第二仓：股价有效站稳"只铁生命线——伏击"之上，进行最后仓位的建立。

二、进出依据：

只铁多周期浪形判定及空间量度系统。

只铁分时技术之图表系统、指标系统。

江恩百分比支撑、阻力价格带运用。

三、总仓位控制：XX万股。

四、出场区域：20元附近，实战以信号为准。

第一条件：浪形完毕。

第二条件：多卖出信号出现。

以只铁智能交易机器人出场信号为准。

备注：选股精细依据、股价可能行进路线规划另案补述。

股票投资计划书

只铁计划（2001）第031——A号一级机密

时间：2001年4月12日　重庆战区会员编号：XXX

总则：

捕捉确定而绝对不是模棱两可的获利战机。出手一定要赢！

〖 波段坚决出击 〗
莲花味精——"阻击波段黑马"

一、投资项目：

参战战场：上海证券交易所　目标品种：600186莲花味精

投入兵力：XXX万元　预计理想投资回报：20%

预计投资期限：4月12日开始　3周内投资风险：＜2%

二、参与理由：

该股近期走势强于大盘，它的上涨绝非大盘上涨的带动，而是庄家主动攻击。

日线图上各均线标准多头排列，价量配合较好，表明庄家的决心和实力。

4月9日在关键技术位的跳空放量上扬使涨势彻底确立。

中长期技术系统较好。

该股属增发新股概念，目前该类股票走势较强，如600851已走出黑马行情。

4月9日的形态表明跟风盘较多，经过两日的整理，今日放量过前高，一网打尽11.75元处的抛盘，继续拉升意图明显。下午受大盘影响顺势洗盘。

三、基本面资料：

河南莲花味精股份有限公司属轻工行业，经营范围为味精和调味品的生产及销售；热力、电力的生产及销售；生物工程的科研与开发；环保产品、氨基酸、饲料的生产及销售。

四、投资策略：

使用总资金的1/3投入该股，进行波段操作。集中计划资金，寻找

247

技术低点，果断进场建仓。

五、操作要求：

动用总资金M万元的1/3，即XXX万元进行操作。从4月13日开始，寻找盘中技术低点分3次进场建仓。实战要求在股价发出卖出信号时，果断出局。坚持操作原则，具体实施时必须做到技术要件全部苛刻的符合要求。非计划内的操作决不允许展开。

六、风险控制：

中线安全是短线进场的前提。每次买进后不得出现8%的亏损。连续三次都失败就无条件退出。

七、投资回报：

该股此波段理论空间14元，动用资金赢利率：20%。

实战成功的关键在于风险控制技术的专业化运用

自古以来：征服别人容易、征服自己困难。

——"多情剑客无情剑"小李飞刀

〖目标股票图谱〗

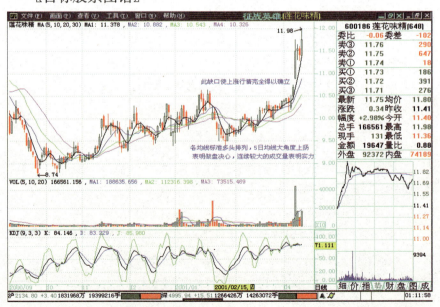

【图1】

实战规范

一、建仓部署：（分三次建仓）

第一仓位：4月13日在11.6元附近建仓1/3；

第二仓位：4月16、17日回调企稳后再建仓1/3；

第三仓位：再一次放量拉升时建立最后1/3仓位。

二、进出依据：

只铁多周期浪形判定及空间量度系统。

只铁分时技术之图表系统、指标系统。

江恩百分比支撑、阻力价格带运用。

三、总仓位控制：XX万股。

四、出场区域：14元附近，实战以信号为准。

第一条件：浪形完毕。

第二条件：多卖出信号出现。

以只铁智能交易机器人出场信号为准。

备注：选股精细依据、股价可能行进路线规划另案补述。

【只铁专业投资日记规范】

既然选定了职业就应该把它作为生命　年月日　上海38℃

投资理念和原则　等待最佳的机会，做最精彩的事情。

每战必胜：资金安全第一；稳，不急躁；准，不盲动；狠，敢输赢。耐心，细心，决心，狠心。

严守纪律：停损是操作安全最根本保护，每次果断地买进卖出行为都必须有明确的系统理由。

不求完美：不贪心抓住每一次机会，不贪心抓住每一只黑马；心境轻松淡定如泰山；贪就是贫。

选股原则：在大盘安全图表漂亮完美的前提下按照热点，题材，强庄，股性，业绩来选择。

铁血短线

【目标股群搜索表】

发现主力、跟踪主力、伏击主力

代码	股名	收盘	位置	启动	阻力	趋势	理由
550513	沈阳通发	2.06	1-2-A			冲出底部向上	
600878	北大车行	7.60	1-1-1			底部振荡向上	

热点	散淡的热点如荒坟中的鬼火，勾引着意志不坚的、贪婪的人走向死亡。
目标线索	强势股超跌股。低位安全强势股，大幅度超跌个股。短线介入的前提：大盘能否再涨2天？
大盘背静	处于完成大头肩顶形态量度跌幅和波浪循环C浪之中。抢反弹要快和不贪。

【持仓组合控制表】

控制亏损幅度有限，让获利成长无限，有限对无限胜定

股名	收盘	成本	停损	目前状态		仓位	卖点	差价	建议	备注
				位置	趋势					
沈阳通发	2.06			1-2-A	XS					
北大车行	7.60			1-1-1	ZD					

目前持仓原则	目前为反弹行情，持仓时间不能太长，仓位不能太重，快！重点关注沈阳通发。
异动	在反弹的第一天看领导反弹的个股是谁？满足不满足我们的介入条件？满足就果断追涨
批判	断不了在弱市中寻找强势黑马的念头就说明贪心，还在下降通道推荐个股是害人。并不高明，误导人，这样的聪明不学。

250

只铁职业投资研判操作规范守则

一	股票代码		流通盘		业 绩		
	庄家为何选择						
	题 材						
	号召力						
	需提防的陷阱						
	流通占总股本比例				权重大小		
	股票基本形态分析						
二	明日展开操作的条件是否是具备						
	政策消息				可能产生影响		
	大盘走势预测		大盘状态		量能		
	与板块关联度						
	大主力运作思路						
	想进场的庄数		正拉升的庄数		正派发的庄数		
三	明日展开操作的时机是否成熟						
	个股的活跃程度		个股属热点或潜在热点				
	个股短中期技术态势	月	周	日	分时	其他	
	操作策略选择	进攻型	防御型		攻防型		
	操作方法选择	短线		时 间			
		中线		时 间			
		滚动操作					
四	近期资金流向			明日资金流向			
	板块热点			持久性			
	主流资金流动背后的意义						
五	大盘及个股的风险评估						
	1.大盘位置			运行方向			
	2.个股现在股价循环位置			运行方向			
		短中线攻击力					
	3.庄家底仓成本		运行成本		何时进场		
	庄家控盘程度		庄家持仓量		庄家实力		
	现在加减仓意愿						
	4.庄家操作手法			行进规律特点			
	5.风险评估						
	大盘安全度		级 持仓安全度		个股短期走势判断		
	注：（超强，强，盘整，跌，大跌）（铁底，底部，安全，低风险，中风险，高风险）						
六	明日操作计划 资金管理 止盈 止损 补仓设立						
	1.正确资金管理						
	仓位安排		买卖价		数量控制		
	2.持仓时间			调控条件			
	3.止盈价位			数量控制			
	4.止损价位			数量控制			
	5.补仓设立条件			数量控制			
七	铁血纪律捍卫（每日写一遍）						
	短线操作铁律	短线出击非常态高速行进中的股票，其内部子浪运行结构安全且无破绽耐心等待最完美图形出线作最精彩的临盘出击！					
	中线操作铁律：	中线出击建仓成本必须控制在底部－安全区域内，建仓误差不能>2%,月成交量出现明显底部信号后，依据短线信号坚决出击！					
八	今日操作总结						
	结果：今日获利	%	与计划相差		与高低点相差		
	1.心态			2.纪律捍卫			
	3.知行合一			4.是否达到操作标准			

只铁短线套装

微信扫码
了解详情

◎《新短线英雄》

做短线，时间成本少，获利快，可以在短时间内实现较大回报。但很少有人能在短线投资模式下保持长期稳定盈利，大都被动成为"中长线"投资。只铁先生在本书展示了专业投资高手是怎样进行实战短线操作，并保持长时间快速赚钱。

◎《铁血短线：只铁战法致命的狙击战术》

在本书中，只铁先生从短线的交易原则、交易系统、实战操作方法与技巧、技术骗线、操作失误的处理方法等几个方面系统地讲述了短线的专业化操作，从而实现持续的快速赚钱。

◎《铁血战记：职业操盘手的试炼教程》

在本书中，只铁先生通过日复一日的操盘记录，带你直击操盘细节，通过复盘训练带你迅速提高盘口判断技能，用专业化、科学化的投资技巧叱咤股市。

◎《战无不胜：不胜不战》

本书汇集只铁先生的投资哲学、投资策略、投资技巧和方法于一体，是专门为那些希望把自己培养成为专业投资高手的人而写的。本书不是点石成金的秘诀，也不奢求所有人都能读懂，但愿对有缘的朋友有所启发，这是作者的初心。